General Textual Research on Dissemination of Editions of Marxist Classical Works

马克思主义经典文献传播通考

杨金海　李惠斌　艾四林　主编

《社会主义从空想到科学的发展》黄思越译本考

方　红　著

辽宁人民出版社

图书在版编目（CIP）数据

《社会主义从空想到科学的发展》黄思越译本考 / 方红著．—沈阳：辽宁人民出版社，2020.12
（马克思主义经典文献传播通考 / 杨金海，李惠斌，艾四林主编）
ISBN 978-7-205-09994-7

Ⅰ．①社…　Ⅱ．①方…　Ⅲ．①《社会主义从空想到科学的发展》—恩格斯著作研究　Ⅳ．①A811.24

中国版本图书馆CIP数据核字（2020）第220792号

出版发行：辽宁人民出版社
地址：沈阳市和平区十一纬路25号　邮编：110003
电话：024-23284321（邮　购）　024-23284324（发行部）
传真：024-23284191（发行部）　024-23284304（办公室）
http://www.lnpph.com.cn
印　　刷：辽宁新华印务有限公司
幅面尺寸：160mm×230mm
印　　张：12.75
字　　数：160千字
出版时间：2020年12月第1版
印刷时间：2020年12月第1次印刷
责任编辑：董　喃　高　庆
装帧设计：晓笛设计工作室　舒刚卫
责任校对：耿　珺
书　　号：ISBN 978-7-205-09994-7

定　　价：58.00元

马克思主义经典文献传播通考

本丛书研究得到“教育部哲学社会科学研究重大专项资助”

总序

呈献给读者的这套“马克思主义经典文献传播通考”，旨在立足于21世纪中国和世界发展的历史高度，对我国1949年以前马克思、恩格斯、列宁等重要著作的中文版本进行收集整理，并作适当的版本、文本考证研究，供广大读者特别是致力于深入研究马克思主义经典作家原著的读者阅读使用。计划出版100种，4年内陆续完成编写和出版工作。

一、“马克思主义经典文献传播通考”概念界定

“马克思主义经典文献传播通考”在我国学术界是一个全新的概念。之所以这样说，是因为过去从未有人用过这一术语，甚至未曾有过这一理念。在我国学术界，对中国传统经典文献的考据乃至通考性的整理研究并不鲜见，包括对儒、释、道等经典的通考性整理研究成果十分丰富，但对近百年来中文版马克思主义经典文献的考据以及整理性研究只是近年来才逐渐为人们所认识，至于在此基础上的通考性整理研究还几乎没有进入人们的视野。所以，首先有必要对这里所说的“马克思主义经典文献传播通考”这一概念

的含义进行说明。

第一，这里所说的“马克思主义经典文献”，主要是指中文版的马克思、恩格斯、列宁的著作，斯大林的重要著作也适当列入。这些经典文献在中国的翻译传播，如果从1899年初马克思、恩格斯的名字和《共产党宣言》的片段文字传入中国算起，迄今已有120年时间，而且经典著作的翻译传播今天仍然在进行中。但为了工作方便，我们这里主要收集整理1949年以前的经典文献。原因是中华人民共和国成立后的经典著作翻译成果比较系统、完整，又使用比较标准的现代汉语，翻译术语也比较一致，在可见的时间内不需要进行深入的考证说明，同时我们人力有限，也无力做如此浩大的经典文献整理研究工作，只好留待后人去做。再则，这里所列入的主要是比较完整的经典著作文本，不包括片段译文文本，因为这些片段译文太过繁多复杂，我们也无力进行全面的整理研究。当然，个别十分重要的片段译文，也会在考据说明中论及，有的还会附上原文或部分原文。但总体说来，片段译文整理研究工作，也只能留待后人去作分门别类的整理研究了。

第二，这里所说的马克思主义经典文献“传播”，主要是指上述经典文本的翻译、出版，有时也会涉及学习、运用这些著作及其社会影响的情况。这些经典文献在我国的片段翻译传播从清末就开始了。其中，中国资产阶级改良派、革命派等都做过一些工作，但那时人们只是把马克思主义作为西方学术思潮之一来介绍，并没有自觉地把它当作指导中国社会发展的思想来研究运用。真正自觉把马克思主义作为指导中国革命的思想是十月革命之后的事。毛泽东曾经说过：“十月革命一声炮响，给我们送来了马克思列宁主义。”[①]正是从这个意义上说的，是完全正确的。也正是在这个意义上说，李大钊是马克思主义中国化的第一人。在李大钊的引领下，五四新文化运动期间，马克思主义经典文献在中国的翻译传播形成了高潮。在这一时代大潮的推动下，1920年8月，陈望道翻译的《共产党宣言》完整中文译本在上海出版，这是我国历史上第一本完整的中文版马克思主义经典著作，从此开始了大量翻译马克思主义经典著作的历程。特别是1921年中国共产党成立后，我们党更加自觉地有组织、有计划地翻译经典著作。在土地革命战争、抗日战争、解放战争期间，在十分困难的条件下，这一工作始终没有停止。特别是在延安时期，于1938年5月5日马克思诞辰纪念日，中共中央成立了“马列学院”，其主要任务之一就是翻译马列经典著作。以此为阵地，我们党所领导建立的马克思主义翻译和理论研究队伍做了大量工作，到1949年中华人民共和国成立前，主要的马克思主义经典著作中文文本基本上都出版了。同时，在国民党统治区和日伪军占领区，很多进步人士和出版机构特别是三联书店，为马克思主义经典著作的翻译出版作出了重要贡献。设在苏联的莫斯科外国文书籍出版局的中文部为翻译出版中文版马克思主义经典著作作出了特殊重要的贡献。我们这套丛书就是要系统地反映经典著作翻译传播的这一历史过程。同时，也适当反映学习、运用马克思主义理论的历史面貌。

第三，这里所说的马克思主义经典文献传播“通考”，主要是指对上述经典文本的考据性整理和研究。文献考据或考证研究是中国学者作

① 毛泽东：《论人民民主专政》，载《毛泽东选集》第四卷，人民出版社1991年版，第1471页。

学问的优秀传统，也是中国学术的一个显著特点。比如古代的经学研究，一定要作相关的文字学、训诂学、版本学、辨伪学、音韵学等的考证研究。没有这些考证工作，得出的结论就靠不住。我们力求继承这个传统，同时，借鉴现代文献学研究方法，来从事马克思主义经典文献传播研究。按照古今文献考据方法，我们将深入考证研究马克思主义经典著作等文献传入中国的各个方面、各个环节，包括文本考据、版本考据、术语考据、语义考据、语用考据、辨伪考据、人物事件考证等。(1) 文本考据是对经典著作文本的翻译以及文本内容进行考证研究。如对《共产党宣言》1949年前多个中文版本的翻译情况进行考证并进行各个文本内容的比较研究，考证前人对有关重要思想理解的变化。(2) 版本考据是对经典著作等文献的出版性质和版次的考证研究。如《共产党宣言》的某个中文译本是否一个独立译本、是第几次印刷等，都要考证清楚。(3) 术语考据主要是对经典著作中的重要概念、术语以及人名、地名的考证研究。如“社会主义”这个概念在历史上曾经有多种译法，这就需要考证清楚。(4) 语义考据是对概念含义变化的考证研究。如对“社会主义”的理解在历史上曾经多种多样，需要考证清楚。(5) 语用考据是对概念的运用和发展的考证研究。(6) 辨伪考据是对有关文献的真假进行考证研究。如有的文章不是马克思写的，而被误认为是马克思写的，后来收入了《马克思恩格斯全集》中文第一版中，这就需要澄清。(7) 人物事件考证是对翻译者、传播者以及相关事件等进行考证，以期弄清经典文献翻译出版的来龙去脉。进一步讲，每一类考据又有很多种具体研究工作。如文本考据，包括中外文的文本载体形式研究、文本内容类别研究、文本收集典藏研究、文本整理利用研究、经典作家手稿研究、翻译手稿比较研究、文本研究的历史发展概况研究等。一句话，要做到“辨章学术，考镜源流”。这样，我们的文献考证工作才能做扎实。

同时，还力求借鉴西方解释学的方法，对有关重要概念作更深入的考证研究。既要对某一概念作小语境的考证，即上下文考证，又要作大语境考证，即对当时人们普遍使用此类术语的情况以及当时的历史文化背景作考证研究。进行这些考据工作很有意义，但绝非易事，这就要求我们掌握马克思主义经典著作的翻译史、传播史以及当时整个社会的语言文字环境，还要掌握外文，能够进行外文和中文的比较研究、各个中文版本的比较研究以及相关版本的比较研究。只有这样，才能准确把握经典作家思想的含义，对有关文本、译者的工作等作出公正合理的评价。

在这里，“通考”工作的两个方面即文献整理与考证研究是不可分割的。一方面要把这些文本整理出来，另一方面要把这些文本以及相关的问题考证研究清楚。文献整理是前提和基础，没有前期的文献收集整理就不可能进行深入研究；但考证研究又能够反过来促进文献整理，帮助我们进一步弄清文献之间的关系以及发现新文献，比较完整地再现经典文献的历史风貌。

第四，“马克思主义经典文献传播通考”是一个跨学科、跨专业、综合性、基础性的概念。总体上说，它是马克思主义学科的范畴，但也是文献学、传播学、翻译学、语言学、历史学、文化学、思想史等学科的概念。所以，要深化考证研究工作，需要各个学科的学者共同努力。我们这里只能为各个学科的研究做一些基础性工作。

还需要说明的是，正如大家所知道的，对任何概念的界定都有其局限性，它只能大致说明事物的本质、内涵，而不可能囊括一切。“马克思主义经典文献传播通考”这个概念也是如此，因为它涉及问题、学科太多，不可能十分精确，故而只能作上述大致说明。对这项工作内涵的理解，大家还可以进一步探讨。我们的想法是，“行胜于言”，无论如何，先把这一工作开展起来，在以后的工作中再逐步完善。

二、马克思主义经典文献传播通考何以必要

开展马克思主义经典文献传播通考这项工作之所以必要，是因为事出有因，且势在必然。总体而言，这是中国改革开放40多年实践发展的必然，也是马克思主义理论界乃至整个社会思想文化界深入研究探讨一系列重大理论问题的逻辑必然。

“问题是时代的呼声。”20世纪80年代和90年代初，伴随着改革开放的推进，人们对以往所理解的马克思主义基本理论、基本观点等提出了不少质疑。特别是在“什么是马克思主义”“什么是社会主义”这些重大问题上，人们普遍感觉到过去没有弄清楚，需要重新加以理解。邓小平曾经说过：“不解放思想不行，甚至于包括什么叫社会主义这个问题也要解放思想。”[①]他后来又强调说：“什么叫社会主义，什么叫马克思主义？我们过去对这个问题的认识不是完全清醒的。”[②]于是，如何真正全面而准确地理解马克思主义、社会主义成为改革开放时代的大问题。围绕着这个重大时代课题展开了多方面讨论，形成了很多不同

① 《邓小平文选》第二卷，人民出版社1994年版，第312页。

② 《邓小平文选》第三卷，人民出版社1993年版，第63页。

观点。

为回答时代面临的课题，人们重新回到“经典文本”，力图把握马克思主义、科学社会主义最原初最本真的含义。这种情况反映到理论界，就提出了“回到马克思”的口号。由此很多学者发表了一系列文章、著作，讨论了各种解读马克思主义经典文本的方式，如“以马解马”即用马克思的话解读，“以恩解马”即以恩格斯的话解读，“以苏解马”即以苏联式马克思主义解读，“以中解马”即以中国化马克思主义解读，等等。这些讨论对人们从不同角度深化对马克思主义的认识发挥了积极作用，但是，问题依然没有被很好解决，因为对文本的理解各有不同，争论仍然不可避免。

随着探讨的深入，人们进一步追问起“文本翻译”问题。有人力图回到经典著作的外文文本即欧洲语言文本，认为中文版的“文本翻译”存在问题。例如，有人认为《共产党宣言》中的“消灭私有制”翻译错了，影响了对所有制改造的理解，这是我们在很长时期内追求“一大二公”社会主义所有制的根源所在，应当翻译为“扬弃私有制”，即对私有制既克服又保留。此种理解似乎可以为改革开放政策提供理论支撑，但也有对马克思主义经典著作的实用主义解读嫌疑，由此同样遭到了批评。

随着对经典文本翻译问题探讨的深入，“版本研究”被提上日程。人们发现在不同历史时期，翻译者对经典著作中重要术语的翻译是不同的，这表明中国人对马克思主义重要观点的理解是在不断变化、不断深入的。比如，在中华人民共和国成立之前，《共产党宣言》有6个完整而独立的中文译本，其中对“消灭私有制”的翻译均不完全相同。1920年陈望道译本是："所以共产党的理论，一言以蔽之，就是：废止私有财产。"1930年华岗译本是："所以共产党的理论可以用一句话来综结，就是：废止私有财产。"1938年成仿吾、徐冰译本是："在这个意义上，共产党人可以把自己的理论归纳在这一句话内：废除私有财产。"1943年8月博古译本是："在这个意义上，共产党人可以用一句话表示自己的理论：消灭私有财产。"1943年9月陈瘦石译本是："从这一意义上说，共产党的理论可用一句话概括：废除私产。"1949年莫斯科译本是："从这个意义上说，共产党人可以把自己的理论概括为一句话：消灭私有制。"可见，关于"消灭私有制"这一重要语句的译法有一个越来越准确的过程。原来译为"废止私有财产"等，只看到了这一观点的表象，只有译为"消灭私有制"才能抓住实质，即从经济制度上解决资本主义国家的社会问题。陈瘦石（当时生活在国民党统治下的知识分子）译为"废除私产"，很不准确，甚至有曲解，因为共产党人要废除的是私有财产制度，而不是简单废除包括私人生活资料在内的私产。由于人们在不同时期、不同社会条件下对《共产党宣言》理解不同，这就需要深入研究这部书的各个版本，并在此基础上进行历史性的文本比较研究。

经典著作"版本研究"深化的一个重要标志应当说是对《共产党宣言》版本的全面考证研究。1998年是《共产党宣言》发表150周年。为纪念这部不朽经典，也为更好理解马克思主义的本质要义，中央编译局和中央电视台联合制作了大型电视文献纪录片《共产党宣言》，笔者作为本片的主要撰稿人，和老专家胡永钦研究员一起对《共产党宣言》的中文版本第一次作了比较全面的梳理，发现这部书总共有12个独立而完整的中文译本，中华人民共和国成立前后分别有6个译本。[①]后来中国人民大学的高放教授又作了进一步研究，认为连同中国香港、台湾等地中文译本，《共产党宣言》共有23个中译本。[②]此后，学术界研究《德意志意识形态》《资本论》等经典著作版本的成果也越来越多。通过版本比较研究，人们对经典作家思想的理解越来越深。

对经典文本、翻译、版本研究的深入，又促使马克思主义"传播史"研究兴盛起来。人们发现，只孤立研究某一经典著作的文本、翻译、版本还不够，要深入把握中国人对马克思主义基本观点理解的变化，还需要研究马克思主义在中国传播的完整历史，包括马克思恩格斯列宁名字的翻译、经典著作的片段翻译、经典文本的完整翻译以及出版传播等。比如，关于马克思的名字翻译在历史上就有十几种，包括"马克司""马尔克斯""马陆科斯""马尔格士""麦喀氏""马儿克""马尔克""马克斯"等。通过研究传播史，才能把各个历史阶段的各种经典著作文本的关系弄清楚，通过对其中话语体系主要是概念体系的研究，从整体上弄清中国人100多年来对马克思主义、社会主义的重要概念、主要思想观点的理解。比如"社会主义"一词，在1899年2月发表的《大同学》一文中被译为"安民新学"，这是按照中国传统儒家思想对社会主义的理解；后来借用日文翻译术语，学术界广泛认同并接受了"社会主义"一词的译法，但对它的理解仍然很不相同。比如，孙中山理解

① 杨金海、胡永钦：《〈共产党宣言〉在中国的翻译、出版和传播》，载《科学社会主义》1998年"纪念《共产党宣言》发表一百五十周年"特刊；又见杨金海：《〈共产党宣言〉与中华民族的百年命运》，载《光明日报》2008年7月3日。

② 高放：《〈共产党宣言〉有23种中译本》，载《光明日报》2008年10月16日。

的社会主义和后来共产党人理解的社会主义就很不相同。实际上，直到今天我们学术界乃至整个思想界对社会主义的理解还在深化。传播史研究就是要研究这种变化发展的历史，从中发现规律性的东西，澄清人们在一些重大理论问题上的模糊认识，特别是要避免重复劳动。因为有很多现在争论的问题在历史上曾经出现过，有的早已解决，但由于人们不了解历史，常常旧话重提，造成重复劳动甚至新的思想混乱。传播史研究可以有效弥补这方面的不足。

中央编译局的学者们在马克思主义传播史研究方面做了大量工作。从20世纪50年代开始，由于翻译马克思主义经典著作的需要，编译局前辈学者就在不断研究梳理前人的翻译成果，并开展了马克思主义传播史方面的初步研究和宣传普及工作。1954年，中央编译局举办了“马列主义在中国的传播”展览，之后编辑了《马克思列宁主义著作在中国的传播》一书；1957年，为纪念十月革命胜利40周年，又与北京图书馆（即现在国家图书馆前身）合作主办展览；1963年，中央编译局专家丁守和、殷叙彝出版了《从五四启蒙运动到马克思主义的传播》一书；1983年，为纪念马克思逝世100周年，举办了“马克思恩格斯著作在中国”展览，之后编辑整理并由人民出版社出版了《马克思恩格斯著作在中国的传播》一书；1998年，举办了“《共产党宣言》发表一百五十周年”展览，并与中央电视台合作创作了两集文献纪录片《共产党宣言》，笔者为主笔；2011年，为庆祝中国共产党成立90周年，建立了我国第一个“马克思主义传播史展览馆”，创作了8集文献纪录片《思想的历程》，并由中央编译出版社出版《思想的历程——马克思主义在中国的百年传播》一书，笔者为总撰稿；2018年，为纪念马克思诞辰200周年，在国家博物馆举办“真理的力量——纪念马克思诞辰200周年”主题展览。2018年，根据中央机构改革方案，中共中央编译局与中共中央党史研究室、中共中央文献研究室合并成立了中共中央党史和文献研究院，但中央编译局的牌子仍然保留，以便继续用该名出版马列著作，有关专家学者仍然奋斗在马克思主义传播史研究的前沿阵地。由笔者牵头、一批中青年学者参加承担的国家社科基金重点项目“马克思主义传播史研究”正在进行，预计2019年下半年将出版《马克思主义传播史（中国卷）》两卷本。

我国各高校、科研机构以及有关学者在马克思主义传播史研究方面作出了重要贡献。1955年，苏联学者柯托夫的《马克思主义在俄国的传播》一书由于深翻译，在时代出版社出版；次年，苏联学者巴特里凯也夫的《俄国现代无产阶级的出现——马克思主义在俄国的传播》由孟世昌翻译，在上海人民出版社出版。受苏联专家的影响，中国学者也开始研究马克思主义传播问题。比如，北京大学的黄楠森教授等于20世纪50—60年代，就开始研究马克思主义哲学史，其中包括马克思主义传播史内容，70年代初编成油印本。改革开放后，他与施德福、宋一秀教授一起正式出版了三卷本的《马克思主义哲学史》；后来黄楠森又与庄福龄、林利一起主编了八卷本《马克思主义哲学史》，其中第四卷讲马克思主义哲学在俄国的传播与发展，第七卷讲马克思主义哲学在中国的传播和发展。北京大学的林代昭、潘国华于1983年编辑了《马克思主义在中国——从影响传入到传播》，作为“中国近代思想和文化史料集刊”出版。中国人民大学的林茂生于1984年出版了《马克思主义在中国的传播》一书。中国社会科学院近代史研究所的唐宝林于1997年出版了《马克思主义在中国100年》，后来又再版，影响很大。此外，还有其他学者发表了若干关于马克思主义传播史的著作和文章。如姜义华在1983年《近代史研究》第1期发表《马克思主义在中国的初期传播与近代中国的启蒙运动》一文；高军在1986年完成《五四运动前马克思主义在中国的介绍与传播》一书，由湖南人民出版社出版；王炯华于1988年出版《李达与马克思主义哲学在中国》；桂遵义于1992年出版《马克思主义史学在中国》等。

进入21世纪后，我国学者在马克思主义传播史方面的研究成果更多，视野更广阔，特别是深化了分门别类的研究。一是加强早期传播的研究。如王东等于2009年出版《马列著作在中国出版简史》；田子渝于2012年出版《马克思主义在中国初期传播史（1918—1922）》；方红于2016年出版《马克思主义在中国的早期翻译与传播》等。二是加强分支学科传播史的研究，包括马克思主义哲学、经济学、法学、新闻学、文艺理论、党建理论、宗教理论等传播史研究。如谈敏于2008年出版《回溯历史——马克思主义经济学在中国的传播前史》；庄福龄于2015年出版《中国马克思主义哲学传播史论》；胡为雄于2015年出版《马克思主义哲学在中国传播与发展的百年历史》；文正邦于2014年出版《马克思主义法哲学在中国》；张小军于2016年出版《马克思主义法学理论在中国的传播与发展（1919—1966）》；丁国旗于2017年出版《马克思主义文艺理论在中国》等。三是加强地方传播史研究。如淮北市委党史研究室于2004年出版《中国共产党淮北地方史》第一卷，专门用一节讲述了“马克思主义在淮北的传播”；闫化川于2017年出版《马克思主义是怎样生根中国的——马克思主义在山东早期传播研究》；2017年，黄进华出版《马克思主义在哈尔滨传播的历史经验和现实启示》。四是加强对马克思主义翻译家和理论家的研究。如叶庆科于2006年出版《杨匏安：我国传播马克思主义的先驱》；郭刚于2010年出版《中国早期马克思主义的传播——梁启超与西学东渐》；笔者主编的《姜椿芳文集》《张仲实文集》分别于2011年、2015年问世，其中包括对姜椿芳、张仲实两位马克思主义翻译大家所作贡献的研究介绍；西南财经大学经济学院和马克思主义经济学研究院编《陈豹隐全集》于2013年之后陆续出版；湖南常德市赵必振研究会对我国马克思主义传播的早期学者赵必振的文献进行整理编纂，于2018年出版《赵必振文集》。五是加强对经典文本解读史、概念史的研究。如王刚于2011年出版《马克思主义中国化的起源语境研究——20世纪30年代前马克思主义在中国的传播及中国化》；尹德树于2013年出版《文化视域下马克思主义在中国的早期传播与发展》。近几年来，一些学者还发表了一系列关于马克思主义概念史的文章，深化了传播史研究。

随着马克思主义传播史研究的深化，系统性的马克思主义“文献编纂”乃至“马藏编纂”工作被提上日程。人们越来越发现，要完整把握马克思主义精髓，特别是要完整把握100多年来中国人对马克思主义理解的情况，需要系统整理马克思主义经典文献。在经典文献典藏方面，中央编译局做了较多工作。由于工作需要，这里的专家学者收集整理了国内最丰富、最齐全的马克思主义经典文献，其中包括中华人民共和国成立后所有中文版的马克思主义经典文献，以及各种外文版的马克思主义经典文献，也包括中华人民共和国成立前的不少经典著作文本文献。国家图书馆、上海图书馆等也拥有丰富的马克思主义经典文献典藏。但即使如此，也不能够满足马克思主义经典文本、版本以及传播史研究的需要，因为这些文献典藏总的来说具有零散性，特别是早期文献，分散珍藏在不同图书馆和有关机构的资料室，人们使用起来很不方便。为此，近些年来不少学者把文献考据研究与文献编纂工作紧密结合起来，推出不少成果。如吕延勤主编《马克思主义在中国早期传播史料长编（1917—1927）》（上、中、下卷），2016年由长江出版社出版；田子渝主编《马克思主义在中国早期传播著作选集（1920—1927）》三卷本，于2018年由湖北人民出版社出版。这些经典文献整理出版大大方便了马克思主义传播的考据研究。但目前的文献整理出版工作仍然有局限性，十月革命之前和大革命之后的经典文献整理出版较少。

于是，学者们提出应当编纂"马藏"。大家知道，中国历史上各个主要学派都有自己的典藏体系，儒家有"儒藏"，佛家有"佛藏"，道家有"道藏"。马克思主义作为在近现代中国影响最大的思想体系，也应当而且能够建立自己的典藏体系。顾海良教授是这方面的领军人物，他领导的北京大学《马藏》编纂工程于2015年3月启动，已经取得初步成果，于2017年5月4日发布出版第一批书共5卷，370万字。他认为，《马藏》编纂工作的任务是"把与马克思主义发展有关的文献集大成地编纂荟萃为一体"，这是很正确的。但这项工作太复杂庞大，需要众多学者一起来做才有可能最终完成。

最近几年，笔者根据中央编译局马克思主义文献典藏情况，围绕"马藏"体系建立也提出了一些想法。笔者认为，"马藏"体系应当包括三个层次：一是核心层，即马克思、恩格斯、列宁等经典作家的手稿以及最初发表的文献；二是基本层，即《马克思恩格斯全集》历史考证版即原文版（亦称MEGA版）、《列宁全集》俄文版等经典著作的外文版本，《马克思恩格斯全集》中文第一、二版，《列宁全集》中文第一、二版，中国化马克思主义经典著作；三是外围层，包括经典著作各种版本的选集、文集、专题读本、单行本，以及研究马克思主义经典的代表性著作。这些经典文献有上千卷，可以与中国历史上任何典藏系列（如儒藏、道藏、佛藏）相媲美。[①]顺便说一句，“马藏”体系的建立将意味着中国现代文化典藏基础的确立，它和中国传统文化典藏一起构成中华文化的典藏体系，其意义远远超出了马克思主义经典著作文本和传播史研究本身。根据这个想法，我们不同单位或部门的学者应当根据自己的工作实际开展工作。“马藏”体系的核心层、基本层实际上一直是由中央编译局在做的，也比较完善了。我们今天最需要做的就是“补短板”，即把外围层中的各种零散的历史性的经典文本文献收集整理起来，供大家作历史性研究之用。这些历史性的经典文献也很多，所以应当首先把中华人民共和国成立前比较完整的经典著作文本整理出来，以供马克思主义经典文本、版本、传播史考据等研究之用。

于是，我们的“马克思主义经典文献传播通考”丛书也就应运而生了。可见，开展这项工作，不是我们一时激动的产物，而是我国学术界马克思主义理论研究逐步深化的逻辑必然，做好这项工作也是当务之急。这项工作做好了，不仅有助于马克思主义经典著作翻译和文本、版本、传播史的研究，也能够为建立完整的“马藏”体系提供历史上的各种基础文本，还有助于整个中国现代思想文化的研究和建设。

---

① 杨金海：《马克思主义发展史学科群建设之思——马克思主义传播史研究视角》，载《北京行政学院学报》2018年第1期。

三、马克思主义经典文献传播通考何以可能

今天进行马克思主义经典文献传播通考是否可行？回答是肯定的。如果放在20年前，做这项工作几乎是不可能的。因为那时大家还没有对马克思主义理论进行深入的文本、版本、传播史、概念史、解读史等考据研究的概念，更没有建立“马藏”的想法，所以，也就不可能有此思想动力。这是从主观上讲的。从客观上看也是如此。当时的研究还很不够，也还没有今天这样发达的信息技术，所以要弄清中华人民共和国成立前究竟有多少经典著作文本已经翻译出来、藏在何处，是很困难的，就更不用说把各种经典著作的不同文本收集起来并整理出版了。

经过长期的积累，特别是近几十年的经典著作研究，今天我们已经具备了进行马克思主义经典文献传播通考的基本条件。

一是越来越多的人意识到经典文献考据研究的重要性，不仅把马克思主义作为意识形态来研究，而且进一步把马克思主义作为科学的学术体系乃至“新国学”之重要内容来研究。长期以来，在我国有一种不正确的认识，就是认为马克思主义是一种意识形态，没有学术性，甚至不是学问。实际上，意识形态也有科学与非科学之分。马克思主义是一种科学的意识形态，由此决定了它具有科学性，完全可以作为学术来研究。之所以有人认为它不具有学术性，一方面，是因为这些人不懂马克思主义；另一方面，是因为我们马克思主义学界在学术、文化层面研究马克思主义不够，有分量的学术成果不多。要克服这一缺陷，就要努力借鉴其他学科的研究方法，包括借鉴我国传统的学术文化研究方法，拿

出可以与其他学科相媲美的学术成果来。例如建立“马藏”体系就是很好的学术性工作。2014年在成中英先生八十大寿庆祝会上，笔者尝试性地提出“新国学”概念。所谓“新国学”，就是包括马克思主义学说在内的中华学术体系，是当代整个中华文化的基础。我们以往所说的“国学”实际上是“老国学”，即以儒、释、道为主的中国传统学术体系，今天这样讲还说得过去，但实际上已经不准确了，再过若干年就更不科学了，因为我们今天还有马克思主义学说。毫无疑问，自五四新文化运动以来，马克思主义在我国已经逐步成为中华学术体系的重要组成部分，可以与传统的儒、释、道等相媲美，因此不能把它排斥在国学之外。类似情况，在历史上是有过先例的。大家知道，佛学是西汉时传入中国的，是外来文化，但2000年后的今天，谁还能说它不是中国文化之一部分呢？马克思主义也是这样，况且它比佛学的作用要大得多，它传入中国才100多年，就深刻改变了中华民族的命运，也深刻改变了中国传统文化，已经成为当今中华文化的重要组成部分乃至核心部分。随着时间的推移，将来我们的国学体系一定会把“马学”加进来，形成“儒、释、道、马”并驾齐驱、以“马”为魂的繁荣发展局面。当然，“马学”作为“新国学”的重要组成部分并为人们所接受，还需要努力构建自己的学术体系。比如要借鉴中国传统学术文化研究的方法，像整理编纂《四库全书》那样，把马克思主义“经”“史”“子”“集”等都整理出来，形成蔚为壮观的经典体系、学术体系，供后人研究之用。此外，我们对马克思主义的各种研究也要具有深厚的学理性。这样，“马学”作为科学的学术体系才能够完善起来。“知难行易”，应当说经过这些年学界同仁的共同努力，已经有越来越多的人意识到马克思主义经典文本整理和考据工作的重要性。这就为顺利推进这项工作奠定了思想基础。

二是这些年有关马克思主义经典文本整理研究的成果越来越多，使得我们基本知道了有哪些经典文本、版本及其传播、珍藏等情况。特别是近几年来，这些研究成果每年都在成倍地增长。很多深藏密室的历史文献被挖掘出来，包括一些经典文本、马克思主义经典著作翻译家、出版家、教育家以及取经潮、取经路线、传播方式等，成为学界研究的热点。与之相伴随，马克思主义经典著作原文版、手稿的收集整理和深度研究成果也越来越多。中央编译局的学者在这方面的成果较多。笔者在经典文献研究方面也做了一些工作，如与冯雷共同主编了37卷“马克思主义研究资料”丛书；与李惠斌主编了40卷“马克思主义经典著作研究读本”丛书。王学东主编了64卷“国际共产主义运动历史文献”丛书。这三套丛书均由中央编译出版社出版。清华大学艾四林主编了20卷“马克思主义经典著作导读”丛书。北京大学聂锦芳主编了12卷“重读马克思——文本及其思想”丛书。其他单位学者在这方面的成果也越来越多。这些经典文献的收集整理和相关大型丛书的编辑出版，以及学术界同仁的大量相关研究成果的发表，为我们推进马克思主义经典文献考据工作提供了丰富资料。

三是马克思主义经典文本考据研究队伍日益壮大，经验日益丰富，方法不断更新。不仅马克思主义理论界很多学者在从事这方面工作，而且其他各界学者也参与进来，包括翻译界、历史学界、民族学界、宗教学界、文学艺术界等方面的学者近些年来都在积极挖掘整理、考据马克思主义的有关历史文献，使得马克思主义经典文本考据研究逐渐成为

“显学”。自2004年中央马克思主义理论研究和建设工程实施以来，培养了一支老、中、青结合的马克思主义学术队伍。各个大学马克思主义学院相继建立，各级社会科学院的马克思主义研究机构日益建立和完善，党和政府、军队研究机构里马克思主义理论研究队伍不断扩大，社会思想文化界对马克思主义理论的研究、宣传和普及工作在加强，这些都大大加速了马克思主义学术队伍培养和学科建设的步伐。特别是近年来，一批优秀的中青年马克思主义学者茁壮成长。他们思维敏捷，年富力强，外语水平很高，知识结构新颖，研究方法现代，不仅能够借鉴中国传统的考据方法，也能够借鉴西方解释学方法等进行研究，越来越具备了中外比较研究、历史比较研究的能力，由此，成为经典文本考据研究的中坚力量。

四是当今发达的信息技术为我们查找、收集、研究经典文本文献提供了快捷便利的条件。进行深入的经典文献考证，需要掌握大量国内外文献资料。比如要用到马克思手稿，而原始手稿的大约三分之二珍藏在荷兰皇家科学院国际社会历史研究所档案馆，三分之一珍藏在俄罗斯国家社会政治史档案馆；要考证经典文本的翻译，还会用到日文版经典著作文本，而这些大多珍藏在日本，个别文本分散珍藏在我国各地的图书馆。要大量使用这些资料在过去几乎是不可能的，但是在今天，通过网络信息技术，就可以比较好地解决这些问题。再者，随着我国现代化事业的推进，我们的经济实力越来越强，在马克思主义经典文本研究方面的投入越来越多。这些物质力量的增强为我们开展这样大规模的整理编纂工作提供了保障。

总体而言，经过马克思主义学界同仁的长期努力，中国已经成为当今世界最大的马克思主义经典著作翻译和研究国家。特别是近些年来，我国学者关于经典文本考据研究的理念越来越新、成果越来越多、队伍越来越强、保障条件越来越好。随着马克思主义学院的建立，马克思主义理论教学和科研工作越来越受到重视，学科体系建设越来越完善，我们的研究成果也越来越有用武之地。这些都为我们深入开展大规模的经典文献整理和研究提供了现实可能性。

四、“马克思主义经典文献传播通考”丛书编写的思路和原则

马克思主义经典著作是学习和研究马克思主义理论的基础文本，历来为人们所重视。在我国马克思主义传播史上，曾经翻译出版过很多种经典著作的中文本。比如，《共产党宣言》总共有至少12个完整的中文译本；《资本论》在1949年以前也有好几个中文译本。这样说来，光是1949年以前翻译出版的经典著作文本或专题文献文本就有上百种。这些不同的中文译本反映了中国人在不同历史时期对马克思主义经典著作理解的不同水平。

编辑这套丛书的直接目的，是要把1949年以前的主要经典著作文本原汁原味地编辑整理出来，并作适当的考证说明，供大家作深入的历史比较研究、国际比较研究之用；从更长远的目的看，是要为建构完整的中国马克思主义典藏体系、学术体系、话语体系乃至为建构现代中华文化体系做一些基础性工作；最终目的，则是要通过历史比较，总结经验，澄清是非，廓清思想，统一认识，破除对马克思主义错误的或教条

式的理解，全面而准确地把握马克思主义理论精髓，弘扬马克思主义精神，继承马克思主义理论，在此基础上深化对中国化马克思主义的理解和研究，为推进当代中国马克思主义、21世纪马克思主义，确保科学社会主义伟大事业长久发展提供科学的理论支撑。

本丛书体现如下特点，这也是丛书编写工作所力求遵循的原则：第一，体现历史性和系统性。本丛书主要收集1949年以前的经典著作中文译本，对1949年以后个别学者的译本也适当收入。中华人民共和国成立后由中央编译局翻译出版的经典著作，由于各大图书馆都可以查到，且各种译本变化不大，故不在收录范围。对所收集的历史文献力求系统、完整，尽可能收集齐全1949年以前经典著作的各种译本，按照历史顺序进行编排。对同一译本的不同版本，尽可能收集比较早且完整的版本。对特别重要的片段译文作为附录收入。第二，突出文献性和考证性。力求原汁原味地反映各种经典著作的历史风貌。为此，采取影印形式，将经典著作的文本完整地呈现给读者。同时，要对文本的情况进行适当的考证研究，包括对原著者、译者、该译本依据的原文本、译本翻译出版和传播的情况及其影响等作出科学说明。这些考证研究要有充分的史料根据，经得起历史检验。要力求充分反映国内外有关研究成果，特别是要充分反映我国改革开放以来在经典著作文本、版本研究方面所发现的新文献、取得的新成果。第三，力求权威性和准确性。一方面，所收集的经典著作文本力求具有权威性和准确性。力求收集在当时具有权威性的机构出版的、质量最高的经典译本，避免采用后人翻印的、文字错误较多的文本。另一方面，考证分析所依据的其他文献资料，也力求具有权威性和准确性。要选择国内外在该研究领域最具权威性的专家学者的最具代表性的观点和最有影响力的文章。再者，对文本有关问题的阐述，比如，对人名、地名、术语变化的说明，或对错字、漏字等印刷错误的说明等，要具有权威性和准确性。第四，力求做到史论结合、论从史出。本丛书的主要任务是对经典文本以及相关问题进行历史性的考证梳理，但考证不是目的，而是手段，根本目的还是要深化对马克思主义基本理论和基本观点的全面的、准确的理解，并最终用以指导实践。所以，在考证研究的同时，要始终牢记最终目标，以便从历史文献的分析研究中得出令人信服的科学结论。所以，在每一经典文本的考证说明中，都既要说明经典文本文献的来龙去脉以及考证梳理的情况，又要从中得出若干具有启发性的结论，以帮助读者正确认识经典著作中的有关重要思想，特别是要在统一认识、消除无谓争论上下功夫。这样，该丛书就不仅能够为读者提供原始的经典著作文本文献，还能够为读者进一步研究这些文本提供尽可能丰富的、具有权威性和准确性的相关文献资料，并提供尽可能中肯的观点和方法，从而能够使丛书成为马克思主义典藏的重要组成部分而流芳后世。

基于上述考虑，本丛书采取大致统一的编写框架。除导言外，各个读本均由四个部分组成。一是原著考证部分，其中包括对原著的作者、写作、文本主要内容、文本的出版与传播情况的考证性介绍；二是译本考证部分，包括对译本的译者、翻译过程、译本主要特点、译本的出版和传播情况的考证梳理；三是译文考订部分，包括对译文的质量进行总体评价，对有关重要术语进行比较说明，对错误译文、错误术语或错误印刷进行查考、辨析和校正性说明；四是原译文影印部分，主要收入完整的原著译本，同时作为附录适当收入前人关于该书的片段译文。

通过这样的考证研究，力求凸显这套丛书的编辑思路，即对经典著作的文本、版本有一个建立在考据研究基础上的总体性认识。每一本书都要能够回答这样一些问题：如这本书是什么，它在马克思主义发展史上的地位如何，它在世界上的传播情况怎样，它是什么时候传播到中国的；该中文本的译者是谁，译本的版本、传播、影响、收藏情况怎样；该译本中的重要概念是如何演化的，中国人对这些概念的理解过程怎样，对我们今天的理论研究和实践探索特别是对解决今天有关重大理论问题的争论有何启示，等等。这些问题回答好了，就能够帮助读者更深入地理解经典著作中的思想观点，并能够从文本的历史比较、国际比较中把握中国化马克思主义发展的思想历程，从而为进一步深化马克思主义理论研究提供深厚的思想资源和学理支撑。

“日月光华，旦复旦兮。”我们是怀着一种迎接中华民族伟大复兴的历史使命感、对马克思主义学术文化的深深敬畏之情来做这项工作的。一是敬畏经典。近百年来，为振兴中华民族，为推进中国思想文化的现代化，无数志士仁人历经千辛万苦把马克思主义真经取回来，并通过翻译研究形成了汗牛充栋的马克思主义经典文献，由此奠定了中国现代文化的典藏基础，为实现中华文化从传统形态向现代形态转化作出了巨大贡献。我们面前的这些文献，正是在马克思主义传播过程中形成的“马藏”中的重要经典文本。拂去历史尘埃，整理、考证和再现这些经典文献的历史原貌，发掘其中的深厚文化意蕴，敬畏之心油然而生。能够通过我们的工作使这些闪耀着历史光芒的典籍和伟大思想更好地传承下去，为中国现代文化体系的建设打下坚实的典藏基础，正是本丛书作者和编者的共同期愿所在。二是敬畏先驱。近百年来，一代又一代翻译家和理论家薪火相传，把马克思主义经典引进中国，特别是在民主革命时期，很多翻译工作是在十分困难和危险的条件下进行的，有不少先辈为此贡献了一生乃至宝贵生命。他们的事迹可歌可泣，他们的艰辛堪比大唐圣僧玄奘西天取经，他们的历史功绩和伟大精神将在历史的天空熠熠生辉！能够通过我们的这项工作，让一代代后人记住这些历史人物和历史故事并将先辈们的宝贵精神传承下去，我们将备感荣幸。三是敬畏责任。面对百年来形成的浩如烟海的马克思主义经典文献需要研究整理，面对百年来一批批可敬可爱的译介者需要研究介绍，面对百年来马克思主义中国化的伟大历程需要梳理继承，我们需要做的工作太多太多。由此，不论是作者还是编者，都不能不对自己所从事的这项工作产生出由衷的敬畏之情。唯有通过努力，精心整理好这些文献，为最终形成完整的中国特色马克思主义典藏体系作一点贡献，为马克思主义学说在中国乃至世界千秋万代薪火相传做一点铺路工作，才能告慰马克思主义经典作家，告慰这些理论先驱和翻译巨匠们！

2018年是马克思诞辰200周年，《共产党宣言》发表170周年；2019年是中国先进分子自觉选择马克思主义作为观察中国和世界命运之思想武器100周年；2020年是《共产党宣言》第一个完整的中文译本问世100周年；2021年是中国共产党成立100周年，这一个个光辉的历史节点展现出马克思主义在中国发展的强大生命力。在这个新时代的新时期，陆续出版大型丛书“马克思主义经典文献传播通考”，对推进马克思主义理论研究和建设工作，有着特殊重要的意义。

需要说明的是，对于经典文本的研究，往往会有仁者见仁、智者见智的情况。所以，尽管我们在组织编写工作中努力体现上述编写思路、原则和精神，书中的观点也不一定都很成熟，不可能与每一位读者的观点完全一致。加之每位作者研究角度不同，水平各异，每一本书的结构、篇章、内容、观点都不尽相同，其权威性也不尽一致，其中很可能有疏漏和错误之处，谨请读者批评指正。

该丛书在设计、编写和出版过程中，得到了各方面的大力支持。清华大学马克思主义学院将这项工作列入重要议事日程，作为该院马克思主义传播史研究中心重大项目，艾四林院长以及各位同事对此项工作给予大力支持。中共中央党史和文献研究院（中央编译局）十分重视对马克思主义传播史的研究，对此项研究给予各个方面的支持。国家出版基金将该丛书列入资助项目，辽宁省委宣传部将此项目列入文化精品扶持项目。辽宁出版集团和辽宁人民出版社在丛书的选题策划和编辑出版中做了大量工作。在编写过程中，中共中央党史和文献研究院（中央编译局）信息资料馆、国家图书馆、上海图书馆、清华大学图书馆、北京大学图书馆、国家博物馆等单位给予鼎力支持。本丛书中汲取了我国学者大量的研究成果。该项目顾问、我国马克思主义理论界德高望重的陈先达教授、赵家祥教授等专家对丛书的编写工作给予热情指导，编委会成员和各位作者为丛书的编写付出了辛勤劳动。

谨在此一并致以衷心的谢意！

杨金海

2019年5月5日于清华大学善斋

目录

CONTENTS

导言

《社会主义从空想到科学的发展》（以下简称《发展》）是恩格斯应拉法格请求，摘录《反杜林论》一书中最重要的理论部分编撰而成。该书系统连贯地论述了马克思主义三个组成部分的基本原理，是“科学社会主义的入门”[①]。该著作于1880年由拉法格译成法文并经恩格斯亲自校阅后出版，随后被译成多种语言在世界范围内广泛传播，成为马克思主义最具代表性的经典著作之一，对马克思主义尤其是科学社会主义思想的宣传和普及具有重要意义。

《发展》的发表是捍卫马克思主义并与工人运动中公开反对马克思主义的敌对流派相斗争的回应，该书不但推动了欧洲各国工人阶级运动的开展，也逐步成为世界工人运动的指导思想。《发展》一书的内容最初为纯学术性著作，为了直接在群众中进行宣传，恩格斯对该书的形式和内容进行了修改和补充，使其不但对工人学习来说没有太多困难，而且还不断被翻译、再版，取得意外的成功。此外，恩格斯还在导言中声明，“本书所捍卫的是我们称之为‘历史唯物主义’的东西”[②]，“一切重要历史事件的终极原因和伟大动力是社会的经济发展，是生产方式和交换方式的改变，是由此产生的社会之划分为不同的阶级，是这些阶级彼此之间的斗争”[③]，并进而呼吁欧洲工人阶级运动的推进。由此可

①《马克思恩格斯文集》第三卷，人民出版社2009年版，第493页。
②《马克思恩格斯文集》第三卷，人民出版社2009年版，第502页。
③《马克思恩格斯文集》第三卷，人民出版社2009年版，第509页。

见，《发展》一书不但浓缩了马克思主义理论体系的核心观点，还对工人阶级运动及阶级斗争具有实践指导意义，从其传播范围和影响力来看，对马克思主义的运用和传播起到了其他著作不可替代的作用。

《发展》一书在中国的早期译介经历了从间接、零散选译到直接、完整翻译的传播历程。《发展》的片段文字及恩格斯之名最早见于1899年上海广学会主办的《万国公报》；1912年，中国社会党期刊《新世界》连载了由施仁荣译述的《理想社会主义与实行社会主义》，这是《发展》一书在中国最早的译文，其中包括该书第一、二节和第三节的部分内容；1920年8月，郑次川将《发展》第三章译出，并以《科学的社会主义》为名出版了小册子加以传播；1925年，《民国日报》副刊《觉悟》连载了署名丽英女士由英译本翻译的《空想的及科学的社会主义》译文，这是《发展》一书在中国的最早全译文。此后，《发展》在中国的译介开始以完整翻译和单行本形式传播，且译语来源除英文外，还涵盖德、日、法、俄版本。其中1928年8月，上海泰东图书局出版了黄思越根据日译本翻译的《社会主义发展史纲》，这是《发展》一书早期译介具有代表性的译本之一，也是堺利彦新版日译本在当时最为完整的中译本。

黄思越以《社会主义发展史纲》为名译介《发展》一书，与其翻译底本堺利彦译本的书名完全不同，"史纲"的定位体现了译者将该书视为研究社会主义发展史的文献纲要，而非实践纲领。堺利彦译本最初定名为《由空想向科学》，后改称为《社会主义之发展》，即黄思越译本的翻译蓝本。黄思越在书后"重译者跋"中写道："因倪斯（即恩格斯——作者注）为仅次于马克斯之社会主义箸作家。此小册子与《资本论》《共产党宣言》共为马克司派社会主义三大杰作。风行欧美。”[①]充分肯定了该书的价值和地位，并强调该译本的重译初衷即“为学术研究不能不重译此书，甚望排之者与和之者之各深加以研究也”（第82页）。由此可见，黄思越译本重在介绍社会主义形成过程的因由结果，并溯其源流深入研究，以避免模糊错误的判断。同时，对于日译本中由于受到打压而被涂抹的部分，黄思越译本都一一依据英译本补足，体现了译者重视原著原意的学理态度。该译本出版时，正值《发展》一书的译介高峰，除了之前丽英女士根据英译本翻译的首个全译本，黄思越译本出版的同年5月，上海创造社还出版了朱镜我的《发展》译本，名为《社会主义的发展》。之后在1929年，上海沪滨书局出版了林超真根据法文版翻译的《宗教、哲学、社会主义》文集，其中收有《发展》全文及其英文版导言。这些译本的集中出版，说明《发展》一书在当时的中国社会语境下受到认可和关注，不同译者试图从不同源语底本对《发展》一书进行阐释解读，以全面理解其理论内涵及实践价值。而今重读黄思越译本，无疑有助于回视并反思《发展》一书在中国特定历史阶段的译介和接受情况，探究其译语所指并梳理其传播脉络，从而以历史的、发展的视角重思科学社会主义思想在中国的建构过程，进而推进新时代中国特色社会主义建设事业的全面发展。

本书基于历史考据视角，梳理《发展》的写作出版背景以及黄思越译本的翻译出版情况，并通过文本对比对其术语及重要语句进行考证分析，以期更全面地解析黄思越译本的思想内涵及其历史价值。

---

① ［德］因倪斯：《社会主义发展史纲》，黄思越译，上海泰东图书局1928年版，第81页。以下凡引此书，即在文中标注页码。

《社会主义从空想到科学的发展》原版考释

《社会主义从空想到科学的发展》是恩格斯在拉法格请求下摘录《反杜林论》一书中最重要的理论部分编撰而成。该书系统地论述了马克思主义三个组成部分的基本原理，被马克思视为“科学社会主义的入门”[①]，“列宁称之为每个觉悟工人必读的书籍”[②]。1880年，该书由拉法格译成法文并经恩格斯亲自校阅后以《空想社会主义和科学社会主义》之名出版，随后被译成多种语言在世界范围内广泛传播。《发展》是马克思主义最具代表性的经典著作之一，在马克思主义发展史上具有重要的地位和意义。

一、写作及出版背景

《发展》的成书与出版是捍卫马克思主义并与工人运动中公开反对马克思主义的敌对流派相斗争的结果，该书不但回击了以杜林为代表的小资产阶级社会主义，维护了德国社会民主党的团结统一，推动了欧洲各国工人阶级运动的开展，逐步成为世界工人运动的指导思想。

恩格斯在《发展》一书1892年英文版导言中所说：“这本小册子本来是一本大书的一部分。大约在1875年，柏林大学非公聘讲师欧・杜林

① 《马克思恩格斯文集》第三卷，人民出版社2009年版，第493页。

② 薛俊强：《恩格斯〈社会主义从空想到科学的发展〉研究读本》，中央编译出版社2013年版，第20页。

博士突然大叫大嚷地宣布他改信社会主义，不仅向德国公众提出一套详尽的社会主义理论，而且还提出一个改造社会的完备的实际计划。当然，他竭力攻击他的前辈，首先选中了马克思，把满腔怒火发泄在他的身上。这件事发生时，德国社会党的两派——爱森纳赫派和拉萨尔派——刚刚合并，因而不仅力量大增，而且更重要的是能够全力以赴地对付共同的敌人。德国社会党正在迅速成为一股力量。但是，要使它成为一股力量，首先必须使这个刚刚赢得的统一不受危害。可是，杜林博士却公然准备在他周围建立一个宗派，作为未来的独立政党的核心。因此，不管我们是否愿意，我们必须应战，把斗争进行到底。"[①]正是为了回击杜林"在科学中实行变革"的企图，恩格斯于1876年2月开始公开发文驳斥杜林，从1876年5月到1878年上半年，花了两年的时间写成《反杜林论》，及时说明了马克思、恩格斯关于共产主义社会的主张，并肃清杜林思想的有害影响。[②]《反杜林论》"第一次全面系统地阐明了马克思主义的三个组成部分及其相互联系，论证了马克思主义是完备而严整的科学理论体系"[③]，该书的出版不但有力批判了以杜林为代表的假社会主义，还向全世界无产阶级及其政党全面阐明了马克思主义的理论主张，提升了德国工人政党的理论水平，为工人运动指明了正确方向。

1880年，恩格斯在拉法格的建议和请求下，将《反杜林论》中理论

---

① 《马克思恩格斯文集》第三卷，人民出版社2009年版，第499页。

② 薛俊强:《恩格斯〈社会主义从空想到科学的发展〉研究读本》，中央编译出版社2013年版，第16—17页。

③ 姚颖:《〈反杜林论〉吴亮平译本考释》，载《马克思主义与现实》2019年第1期，第157页。

部分最重要的三章内容编撰集合起来，由拉法格翻译成法文并经恩格斯亲自校阅，先发表于《社会主义评论》1880年第3期至第5期，后于同年在巴黎印成单行本出版，书名为《空想社会主义和科学社会主义》（*Le Socialisme utopique et le Socialisme scientifique*）。马克思在为该书所写的前言中说道，恩格斯"为《前进报》撰写并讽刺地题为《欧根·杜林先生在科学中实行的变革》的最近的一组论文，是对欧根·杜林先生关于一般科学，特别是关于社会主义的所谓新理论的回答。这些论文已经集印成书并且在德国社会主义者中间获得了巨大的成功。在这本小册子中我们摘录了这本书的理论部分中最重要的部分；这一部分可以说是科学社会主义的入门"[①]。《反杜林论》以德文写成，将其译为法文出版后在说法语的国家也获得了极大的成功。而且值得一提的是，恩格斯将《欧根·杜林先生在科学中实行的变革》中三章内容集合时，还做了调整并增加若干比较详细的说明，"为了出版这部小册子及将这部小册子译成法文，恩格斯自己起草了一份草稿，拉法格撇开德文原版根据这份草稿进行翻译"[②]，使得《发展》一书最初以法文问世时即已自成一个完整独立的系统，而非简单的原文译本。拉法格译本取得成功后，恩格斯开始思考将这三章按德文印成单行本出版，且当时苏黎世的《社会民主党人报》编辑部告诉恩格斯"德国社会民主党内普遍感到迫切需要出版新的宣传小册子"[③]，恩格斯同意将这三章以德文出

① 《马克思恩格斯文集》第三卷，人民出版社2009年版，第493页。

② 薛俊强：《恩格斯〈社会主义从空想到科学的发展〉研究读本》，中央编译出版社2013年版，第33页。

③ 《马克思恩格斯文集》第三卷，人民出版社2009年版，第494页。

版，并将著作交由他们处理。此后，德文版也成为翻译成其他语言的基础和底本。

《发展》一书的内容最初为纯学术性著作，为了直接在群众中进行宣传，恩格斯对该书的形式和内容进行了补充和修改，是“恩格斯第一部以在德国工人运动中大量散发为目的而写的论述科学社会主义的基础和特征的著作”①。对于该书为适用于直接宣传而做的修改，恩格斯指出：“说到形式，只有出现许多外来语这一点可能引起疑虑……我只限于删去一切不必要的外来语。那些必不可少的外来语，我没有加上所谓解释性的翻译……翻译只能歪曲这些用语的含义……在内容方面，我可以肯定地说，对德国工人来说困难是不多的……至于说到我在这里加上的许多说明，那么实际上我与其说是考虑到工人，不如说是考虑到‘有教养的’读者……他们为不可遏制的欲望所驱使，总是一再确凿无误地表明他们的惊人的无知以及因而可以理解的对社会主义的巨大的误解”②。由此可见，《发展》一书的根本目的在于回应对马克思主义的质疑和歪曲，并全面阐释马克思主义的理论体系。

总之，《发展》一书是马克思主义形成与发展过程中与反对派抗争并不断自我完善的产物，是马克思主义富有代表性的经典文献，体现了马克思主义与时俱进的实践品格。这本小册子篇幅不大却影响深远，正如恩格斯所说：“这本小书已经用10种文字流传开了。据我所知，其他任何社会主义著作，甚至我们的1848年出版的《共产主义宣言》和马克

---

① 薛俊强：《恩格斯〈社会主义从空想到科学的发展〉研究读本》，中央编译出版社2013年版，第40页。

②《马克思恩格斯文集》第三卷，人民出版社2009年版，第494—495页。

思的《资本论》，也没有这么多的译本。”[①]由此可见，《发展》一书在不断译介中显现出强大的生命力，有力地推动了科学社会主义思想在不同社会语境的实践中不断获得新生与发展。

二、各版本说明

《发展》于1880年以法文出版，随后又用德文原文及英文出版，并出版多种外文译本。至1892年英文版问世时，这本小书已经用10种文字流传开了，其译本数量和传播范围甚至超过了当时的《共产党宣言》和《资本论》。《发展》一书篇幅不大但内容丰富，语言流畅易懂，经过翻译传播在许多国家、地区都产生了重要影响。恩格斯在世时及20世纪早期《发展》一书主要有以下版本和译本问世。

1. 法文版本

《发展》一书的内容主要源于恩格斯用德文所著的《反杜林论》中的三个章节，在拉法格的请求和建议下，恩格斯将此部分内容进行编撰并起草了一份草稿，由拉法格译成法文，于1880年先分期发表于《社会主义评论》第3期至第5期，后于同年在巴黎以单行本出版。这是《发展》一书最早的版本，书名为《空想社会主义和科学社会主义》，马克思还为该书撰写了前言。

尽管《发展》一书摘自《反杜林论》，但恩格斯在选编时“删去了

① 《马克思恩格斯文集》第三卷，人民出版社2009年版，第500—501页。

为了与杜林直接论战而写的段落。通过对原文重新编排、修改和补充，形成了一部独立的完整的著作”[①]。恩格斯不但亲自校阅全文，还参与了翻译工作。尤其为了出版法文版单行本，恩格斯“进行了一些修改，他去掉了每一节的罗马数字，除了更正拼写错误和标点符号之外，他主要在写作风格上作了修改。最重要的补充是小册子结尾处的概括说明。在这里，恩格斯简练地总结了前面第三节的思路”[②]。此外，法文版在译词选择尤其是具有情感表现力的用语上处理得当，便于法国读者的阅读和理解并容易产生共鸣。该版本出版后“在说法语的国家，特别是在法国，获得了意外的成功”[③]，还根据法文版翻译出波兰语译文和俄文译文节选等。总之，法文版《发展》不但作为“科学社会主义的入门”对法国社会主义思想的形成和发展具有决定性意义，也开启了科学社会主义思想在世界范围内的传播历程。

2. 德文版本

《发展》的德文版第1版于1883年3月问世，恩格斯在德文第1版序言中指出：拉法格译本的成功“给我提出了一个问题：这三章如果按德文印成单行本出版，是否有同样好处”，于是在伯尔尼施坦的提议下，恩格斯同意出版《空想社会主义和科学社会主义》的德文版。

恩格斯于1882年9月写成德文第1版序言，同年11月完成手稿。恩

① 薛俊强：《恩格斯〈社会主义从空想到科学的发展〉研究读本》，中央编译出版社2013年版，第32页。

② 薛俊强：《恩格斯〈社会主义从空想到科学的发展〉研究读本》，中央编译出版社2013年版，第36页。

③《马克思恩格斯文集》第三卷，人民出版社2009年版，第494页。

格斯意识到“这一著作原来根本不是为了直接在群众中进行宣传而写的”，并对如何将纯学术性的著作在形式和内容上做修改以适用于直接的宣传进行了说明。《发展》一书虽源于德文版《反杜林论》，但是德文版《发展》并非直接从原文摘取，而是以法文版为基础完成德文版手稿，并对全文做了细致的修改。“补充了引文出处，消灭了错误，采用了现代的拼写方法和标点符号。此外，还包括作了一系列修辞上的修改，分了新的段落和添加了大量的着重号……恩格斯根据发表在《社会主义评论》上的最初的法文本，将三节标上罗马数字，将结尾处的概述另起一页，从而使三个章节更加明显地划分开来”[①]。这些修改无疑是为了更清楚地向德国工人阐释科学社会主义的理论来源及其唯物主义历史观，因为“科学社会主义本质上就是德国的产物，而且也只能产生在古典哲学还生气勃勃地保存着自觉的辩证法传统的国家”[②]。

德文版在文本内容上最大的变化就是增加了附录《马尔克》，以此作为宣传德国土地所有制的历史和发展的基本资料。德文版在警察的禁令下仍然迅速传播，第1版印刷发行1500册，2个多月就销售一空，同年又连续发行3版，总印数达1万册。1891年德文第4版序言中，恩格斯又对两处修改做了说明。德文版不但取代法文版成为多种外文译本的基础，恩格斯本人还曾建议拉法格根据德文版再出版新的法文版，由此可见德文版的权威性和影响力。

---

① 薛俊强：《恩格斯〈社会主义从空想到科学的发展〉研究读本》，中央编译出版社2013年版，第45页。

②《马克思恩格斯文集》第三卷，人民出版社2009年版，第495页。

3. 英文版本

《发展》的英文版于1892年在伦敦出版，译者是爱德华·艾威林，恩格斯亲自为该版本写了长篇的导言。在导言中，恩格斯介绍了该书的成书背景，并指出正因为杜林博士看似“包罗万象的体系，使我有机会在同他争论时用一种比以往更连贯的形式，阐明马克思和我对这些形形色色的问题的见解”[①]，同时还公开宣称捍卫“历史唯物主义”，表明“这种观点认为，一切重要历史事件的终极原因和伟大动力是社会的经济发展，是生产方式和交换方式的改变，是由此产生的社会之划分为不同的阶级，是这些阶级彼此之间的斗争”[②]。恩格斯用历史唯物主义观点分析了欧洲革命发展进程，并强调欧洲工人阶级的胜利需要英、法、德三国的共同努力。1892年6月，恩格斯又把该英文版导言译成德文寄给《新时代》杂志，以《论历史唯物主义》为名发表。此外，艾威林的英译本在美国也开始出版传播，自1900年至1908年间，该书在美国的发行量不少于3万册，之后还有美国英译本及美国社会主义劳动党的官方译本相继问世。《社会主义从空想到科学的发展》英文版和德文版被收录在马克思恩格斯著作历史考证版第2版（MEGA2）的第二十七卷专题卷。

4. 其他语种译本

《发展》一书一经出版就开始被译介成多种语言广为传播。1882

① 《马克思恩格斯文集》第三卷，人民出版社2009年版，第500页。

② 《马克思恩格斯文集》第三卷，人民出版社2009年版，第509页。

年，根据法文版翻译的波兰文译本在日内瓦由黎明印刷所出版，书名为《空想的和科学的社会主义》；1883年，帕斯夸勒·马尔提涅蒂根据法文版译成意大利文本《空想社会主义和科学社会主义》贝内文托版，恩格斯亲自校阅了译文并一再劝告他要参考德文本翻译，1884年该译本在那不勒斯重印，1892年在米兰发表了经过恩格斯审阅的新的版本①；1885年，丹麦文本《社会主义从空想到科学的发展》哥本哈根版载于《社会主义丛书》第一卷；1886年，还出版了西班牙文译本《空想社会主义和科学社会主义》马德里版以及荷兰文译本《社会主义从空想到科学的发展》海牙版；1890年，罗马尼亚文译文在布加勒斯特发表，该译文在1891年又重印两次；此外，根据1882年波兰文译本，1891年又译成乌克兰文在里沃夫发表，次年又再版。

《发展》在俄国也大量译介传播。1884年，俄文译本《科学社会主义的发展》日内瓦版问世，1892年还出版了俄文第2版，1893年又秘密再版，1902年又出了查苏利奇翻译的第3版。1905年革命期间，出了俄文第7版《社会主义从空想到科学的发展》，苏联成立后又出版十几种外文单行本。《发展》一书最早的日译本发表于明治三十九年（1906）七月的《社会主义研究》杂志上，译者为堺利彦，该译本依照英文版译出，名为《科学社会主义》，后又以《空想的及科学的社会主义》为名出版了单行本。昭和二年（1927），堺利彦又从德文版重译该书，还通过新译、增补、注释出版了新版本，之后数十年还有新的译本和版本出版。《发展》一书最早的中译文连载于1912年《新世界》期刊上，1920

---

① 薛俊强：《恩格斯〈社会主义从空想到科学的发展〉研究读本》，中央编译出版社2013年版，第40页。

年出版了名为《科学社会主义》的小册子，直到1928年首个中文全译本才问世，并陆续出版多个译本，成为在中国传播最广的马克思恩格斯著作之一。

《发展》一书的创作背景及成书经历见证了科学社会主义思想及唯物史观的体系化建构和传播历程。该书的内容最初源于德文著述，后以法文编撰翻译成书并获得成功，又重译成德文，著译并举，进而以多语种译本广为流传。而且，各译本最初的译名也不尽相同，暗示着《发展》一书在各国语境下略显个性化的定位与解读。这不但丰富了该书思想与各国工人斗争实践相结合的尝试，也使《发展》所传递的科学社会主义思想在反复译介中不断获得新生与活力，从而彰显着这部经典著作历久弥新的思想与信念。

三、内容简介

《发展》一书系统论述了从乌托邦社会主义到科学社会主义的发展历程和体系化建构。“实现并完成这个发展和转变的关键也不仅是由于马克思、恩格斯建立了唯物史观、发现了人类社会发展的一段规律，建立了剩余价值论、发现了资本主义社会发展的特殊规律，而且还由于他们认清了无产阶级的历史使命，论证了无产阶级政党和政权的历史作用，发现了从资本主义过渡到社会主义、共产主义的特殊规律。正是由于马克思、恩格斯发现了这三大规律，即人类社会历史发展的一般规律、资本主义社会运行的特殊规律和从资本主义过渡到社会主义的特殊规律，才使乌托邦社会主义发展并转变为科学社会主义、共产主义。”①

该书包含几个重要版本的前言、序言：马克思为1880年法文版写的前言；恩格斯为1882年德文第1版、1891年德文第4版以及1892年英文版所写的序言。马克思在法文版前言中不但高度评价了恩格斯的学术背景及杰出贡献，还介绍了这本小册子的内容来源，称其为“科学社会主义的入门”。恩格斯在德文第1版序言中说明了该书德文版的成书缘起，并阐释了为直接在群众中进行宣传而如何在形式和内容上对这样一部纯学术性的著作进行修改。在德文第4版序言中，恩格斯介绍了该书受欢迎程度及其以多种语言译介出版的情况，并简要说明了本版所做的两处修改。1892年的英文版序言是内容颇为丰富的长篇论述，恩格斯不但介绍了该书的写作出版背景，还针对英国读者阐释了唯物主义的发展历程，指出“全部现代唯物主义的发祥地正是英国”，通过将之与不可知论相区别，阐明了历史唯物主义观点。此外，恩格斯还分析了欧洲工人运动的发展情况，指出只有英、法、德三国共同努力，才能保证工人阶级的胜利。在不同版本的序言中，马克思和恩格斯都根据其社会语境对该书的适用性和指导性予以了说明，体现出科学社会主义的发展进程超越了民族界限，是人类社会发展的共同目标和使命。

《发展》的正文共分为三章。第一部分介绍科学社会主义的理论来源，尤其论述空想社会主义的产生、发展及其局限性。恩格斯从内容和形式方面阐释了现代社会主义的来源，指出“同任何新的学说一样，它必须首先从已有的思想材料出发，虽然它的根子深深扎在物质的经济的

① 高放：《世界社会主义五百年历史的观察与思考》，载《观察与思考》2016年第9期，第12页。

事实中”[①]。恩格斯深入分析空想社会主义产生的历史根源和理论基础，尽管空想社会主义理论还不成熟，也没能把握社会发展的客观规律，但无疑为唯物史观和科学社会主义的形成奠定了理论基础。第二部分主要论述了科学社会主义的理论基础。社会主义要从空想到科学必须要用科学理论对社会历史现象进行考察，这种科学理论就是唯物辩证法，而科学社会主义的两大理论基础就是唯物史观和剩余价值学说，正是由于这两个伟大发现，社会主义被置于现实的基础之上，从空想变成了科学。唯物史观揭示了人类社会发展的一般规律，即“以往的全部历史，除原始状态外，都是阶级斗争的历史；这些互相斗争的社会阶级在任何时候都是生产关系和交换关系的产物，一句话，都是自己时代的经济关系的产物”[②]。社会主义的任务就是研究必然产生无产阶级和资产阶级及其相互斗争的那种历史的经济的过程，并在由此造成的经济状况中找出解决冲突的手段。而剩余价值学说揭示了资本主义生产的本质，剩余价值规律决定了资本主义矛盾发展的全过程。第三部分论述社会主义代替资本主义的历史必然趋势，并指明无产阶级的历史使命及科学社会主义理论的根本任务。正因为“社会化生产和资本主义占有之间的矛盾表现为无产阶级和资产阶级的对立”[③]，而随着经济发展，这种阶级冲突日益尖锐，终将迫使无产阶级通过变革夺取国家政权实现生产资料国有化。恩格斯展望了未来社会主义的基本特征，指出“只是从这时起，人们才完全自觉地自己创造自己的历史；只是从这时起，由人们使

①《马克思恩格斯文集》第三卷，人民出版社2009年版，第523页。
②《马克思恩格斯文集》第三卷，人民出版社2009年版，第544页。
③《马克思恩格斯文集》第三卷，人民出版社2009年版，第551页。

之起作用的社会原因才大部分并且越来越多地达到他们所预期的结果。这是人类从必然王国进入自由王国的飞跃”[①]。在本书结尾，恩格斯还对上述发展过程进行了简单概述，重申无产阶级运动的理论表现即科学社会主义的任务。

总之，在《发展》一书中，恩格斯运用唯物史观和剩余价值论，分析资本主义社会的基本矛盾，得出社会主义必然替代资本主义的结论，清晰完整地预测了未来社会的重要制度特征。《社会主义从空想到科学的发展》是马克思和恩格斯社会思想观的集中体现，是他们关于未来理想社会宏伟蓝图的理论设想。[②]

---

① 《马克思恩格斯文集》第三卷，人民出版社2009年版，第564—565页。

② 薛俊强：《恩格斯〈社会主义从空想到科学的发展〉研究读本》，中央编译出版社2013年版，第102页。

《社会主义从空想到科学的发展》黄思越译本考释

《发展》作为马克思和恩格斯科学社会主义思想的入门，是直接在群众中进行宣传的小册子，与《共产党宣言》都是最早、最多在中国译介传播的马克思主义经典著作。《发展》是中国人知晓和了解马克思主义的源头之一，对中国革命历程具有重要的指导意义。黄思越的《发展》译本于1928年8月出版，是该书在中国最早的全译本之一，该译本转译自日文，体现了当时日本马克思主义译著对中国早期马克思主义译介传播的影响和导向，同时也是马克思主义在中国早期系统化传播的重要组成部分。

一、译介背景

《发展》一书的思想片段及恩格斯之名于19世纪末初入中国，其后经历了节译、译述、转译并以期刊连载和单行本形式逐步传播，直至全译文和全译本问世，见证了《发展》一书在中国从片段择取到全文翻译、从英文到日文及至法、俄、德的多源语阐释和意义建构历程。

马克思恩格斯之名及其思想片段最早见于1899年《万国公报》刊载的《大同学》一书的个别章节，同年上海广学会出版了《大同学》单行本。《大同学》译自英国社会学家本杰明·颉德1894年所著的《社会进化》（*Social Evolution*）一书，该书是当时的畅销书，多次再版重印。书中除第一和第三章提及了马克思之名及其思想片段，第八章

“今世养民策”（Modern Socialism）中还首次提及恩格斯之名并援引了《发展》一书中的原文如下：

> 德国讲求养民学者，有名人焉。一曰马克思。一曰恩格思。……恩格思有言，贫民联合以制富人，是人之能自别禽兽，而不任人簸弄也。且从今以后，使富家不得不以人类待之也。民之贫者，富家不得再制其死命也。此言也，讲目下之情形，实属不刊之名论。①

《社会进化》出版时正值《发展》一书英文版盛行，颉德引用了当时流传甚广的马克思恩格斯社会主义学说，“养民策”即指“科学社会主义”。根据原书脚注，这段话引自恩格斯《发展》一书1892年英文版，这也是恩格斯著作在中国的最早译文片段。②

20世纪初，资产阶级知识分子开始有意或无意将马克思主义思想片段译介入中国，这一时期的译介源头主要是日本马克思主义译著，其中的社会主义思想主要源于《共产党宣言》一书。直到1912年，中国社会党刊物《新世界》第1、3、5、6、8期刊载了标注为“德人弗勒特立克恩极尔斯原著　余姚施仁荣译述”的《理想社会主义与实行社会主义》

---

① ［英］颉德：《大同学》，［英］李提摩太、蔡尔康合译，姚达兑校注，南方日报出版社2018年版，第56—57页。

② 恩格斯《社会主义从空想到科学的发展》一书最早的译文一直被认为是1912年5—7月《新世界》连载的由施仁荣翻译的《理想社会主义与实行社会主义》，如白占群在《〈社会主义从空想到科学的发展〉一书在中国的传播》（载于《社会主义研究》1985年第6期）一文中就认为“这是我国最早译载的恩格斯著作”。

一文，节译了《发展》一书第一、二节和第三节的部分内容。该译文共分三编，第一编为“理想社会主义”，第二和第三编均为“实行社会主义”。《新世界》是中国社会党绍兴支部主办的刊物，该刊自称是“社会主义杂志”，并宣示四条大纲：一、社会主义之大本营；二、中国数千年破天荒之新学说；三、解决二十世纪之大问题；四、造成太平大同之新世界。自其创刊号就开始连载《发展》的译文，可见《新世界》不但将《发展》一书视为社会主义的代表性著作，而且把社会主义看作能够解决中国实际问题的新学说，高度认可《发展》一书所传递的社会主义学说。

随着俄国十月革命的胜利和新文化运动的兴起，马克思主义在中国的译介传播进入了一个新的阶段，即由自发翻译介绍到自觉研究介绍的阶段，《发展》的译文数量及传播范围都较之前有明显的增长。1920年8月，上海群益书社和伊文思图书公司联合出版了郑次川翻译的《科学的社会主义》一书，主要译介了《发展》第三章的内容。郑次川在为该书所作的“序”中指出，尽管我国文明绵延已久，但是都没有著书立说者如马克思恩格斯，究其原因主要是“学说恒与环境相因缘，无斯环境求其有斯学说”[①]，而该学说“所以令实际合于理想。不唯无害且有益焉。故不可拒亦不当拒也”[②]。可见，在译者看来，《发展》一书所著述的科学社会主义不但适合当时的国情语境，且应该充分了解不该拒绝。

---

① ［德］恩格尔：《科学的社会主义》，郑次川译，上海群益书社、伊文思图书公司1920年版，“序”第1页。

② ［德］恩格尔：《科学的社会主义》，郑次川译，上海群益书社、伊文思图书公司1920年版，“序”第2页。

同年12月，《建设》杂志第三卷第一号刊载了标注为“阴格尔著　苏中译”的《科学的社会主义与唯物主义》一文，该文是原译者日本社会主义者河上肇所做的补记，主要介绍了唯物史观的要领及唯物史观与社会主义的关系。该文译者在开篇写道：“苏中德文的程度很浅，够不上说翻译的话。这篇文字是从日本人河上肇底译本翻译的。现在我先把河上君底序，介绍于左。”根据河上肇序言所述，可知该文“是从马克思亲友阴格尔所著《丢林科学底变革》第三篇“社会主义”第二章“社会主义底理论”，和他所著《由空想向科学发展底社会主义》底第三章，两下翻译来的”。而且，文中片尾还特别指出，恩格斯认为该书所展开的看法大部分是由马克思建设和发展的，以此阐明此书与马克思思想的紧密联系。《建设》杂志于1919年8月创刊，是五四时期中华革命党主办的进步刊物，由此可见，《发展》一书的译介也成为新文化运动时期马克思主义传播的主要内容。

经过早期的片段节译后，《发展》一书开始进入完整翻译阶段。1925年2月至3月，上海《民国日报》副刊《觉悟》杂志连载了署名丽英女士翻译的《空想的及科学的社会主义》一文，该文从英译本译出，是《发展》一书在中国的首个全译文。1928年5月，上海创造社出版了由朱镜我翻译的《社会主义的发展》一书，这是《发展》的首个全译本。由该书的“译者序”可知，“本译书是从杜克（Dunker）所编的‘社会主义的发展’——该书内尚有拉狄克（Radek）所著的‘从科学到行动的社会主义底发展’一篇——内翻译出来的，文义与辞句很有负于堺氏的日译及爱凡林（E. Aveling）的英译；这是译者应该在此地表明而且志谢的地方。至于注释及分节方面则概从‘杜克’氏的区分，译者不曾加以更改。卷头的细目则参照堺氏的日译，间加译者的私见而成的”[①]。关于该书的内容，译者也做了简要介绍：

> 这本小册子，在分量上虽然不是很浩瀚的大著作，但从它的性质讲，却能告诉我们许多的关键：——世界是怎样地运动着；社会是怎样地进化着；人的思惟是怎样地发展去；空想的社会主义的思想为什么不能成立，为什么不能看作一个革命理论？封建社会是怎样地崩坏的；资本主义的社会是怎样地发生，发展起来的；它的内部的矛盾是什么？它的矛盾的解决法在何处，社会运动为什么不得不发生？它的发生的意义如何，它的目的又如何？将来的社会是怎样的，而现在的国家究竟是一种什么东西？……关于这种种的问题它皆能一一地给予我们以一种极简明的解答；——这也是当然的，因它的著者是创始科学的社会主义的二大巨头之一的昂格斯。[②]

可以说，首个全译本不但对《发展》一书有了较为深入的认识和理解，还断定此译本对于“未死的而且要想努力于新社会的建设的青年在踏进实践的行动的时候”或许会有贡献，已经有意将科学社会主义思想与中国革命和建设实践结合起来的思量。

1928年8月，上海泰东图书局出版了黄思越根据日译本翻译的《社会主义发展史纲》一书，这是《发展》的第二个全译本。该译本出版与

---

① ［德］昂格斯：《社会主义底发展》，朱镜我译，上海创造社1925年版，第7页。

② ［德］昂格斯：《社会主义底发展》，朱镜我译，上海创造社1925年版，第5页。

首个全译本仅相差三个月，是堺利彦新版日译本在当时最为完整的中译本。黄思越译本问世时虽然社会主义思想在中国已有一定译介基础，但当时正值国民革命失败后共产党员和革命群众受迫害之时，《发展》一书全译本的集中问世，不但标志着《发展》在中国的译介开始进入完整、系统的传播历程，也极大鼓舞了当时的民族革命热情，为中国共产党的成长和中国革命发展奠定了理论基础，提供了行动指南。毋庸置疑，《发展》一书是马克思主义早期译介传播中的重要组成部分，而黄思越译本自然是其中不容忽视的一环。

二、译者介绍

从目前所查阅到的资料来看，并没有关于译者黄思越的专门介绍。但是从该译本书后的“重译者跋”及同时期该出版机构的作者成员相关信息中，我们或许可以得到一些线索。

首先，“重译者跋”的结尾写道：“共和纪元十有七年三月二十日，日本普选初次举行之日，思越重译既竟，跋于日本古江户城中思越室。”（第82页）可见，黄思越是在日本完成了该书的重译，据此可判断，他很可能是留学或旅居日本的进步知识分子。从日译本重译该书，说明其日语娴熟，而且，他译介该书的目的是学术研究，追源溯流的学术态度体现了该译本的学理性特质；此外，从他对“震动全球之社会主义运动”的关注，也可见其关注时事政治态势发展的民族革命热情。

其次，黄思越译本由上海泰东图书局发行，该书局的立场也映射出其出版规划及作者群体特征。泰东图书局于1914年在上海创立，“创立之初的泰东图书局基本是为政学系服务的，因此他们出版了大量的有关政治方面的书籍。‘护国运动’以后，股东们都到北京做官去了，于是泰东图书局便交由股东之一的赵南公主持。与泰东图书局创立时确立的出版理念有关，加之赵南公本人的政治倾向和出版个性使得它得以继续出版具有进步社会思想和论述中国社会问题等政治方面的书籍。值得注意的是，泰东图书局在当时出版这类书籍，在上海乃至全国也是不多见的”[①]。黄思越的《社会主义发展史纲》发行者正是赵南公，该书的内容也是泰东图书局致力出版的进步社会思想。同时，1927年大革命失败后，左翼文化运动逐渐展开，这是以国统区上海为中心、以倡导无产阶级革命文化为目的，组织出版革命刊物，大力传播和应用马克思主义的政治文化运动，该时期出版的进步书籍对后期马克思主义中国化具有重要意义。当时“左翼知识分子和受左翼影响的文化人陆续翻译马克思主义经典著作，较为系统地介绍、传播、应用马克思主义……1927年大革命失败后到1939年解放社成立前后，有关马克思主义理论文本大多是左翼人士或受左翼思想影响的文化人的译著”[②]。由此可见，泰东图书局作为当时较为进步的出版机构，出版了多部关于马克思主义及其他社会思想的书籍，而这些著译者应多是左翼进步人士或受左翼思想影响的文化人。

总之，黄思越作为当时留日的知识分子，其翻译《发展》一书绝非偶然，而且将该书名定为《社会主义发展史纲》，可见其出于学术研究

① 张勇：《泰东图书局与创造社分手之后》，载《山东社会科学》2005年第9期，第104页。

② 崔凤梅、毛自鹏：《论左翼文化运动对延安时期马克思主义中国化的贡献》，载《学术探索》2014年第11期，第124—125页。

及民族需要的初衷与考虑。无论从译者觉悟还是出版规划来看，该译本都是《发展》一书在中国译介传播的重要载体，蕴含着以黄思越为代表的当时知识分子借由日本渠道了解并接受马克思主义的传播脉络。

三、翻译过程及出版情况

黄思越从日文重译《发展》一书，既有语言能力和个人经历的优势，同时也是其身为留日知识分子关注最新社会思潮发展的个体身份认知表现。而泰东图书局规划出版此书既回应了当时科学社会主义及唯物史观在中国广泛传播引起的学理探究热情，也是马克思主义在中国系统化传播的见证。

黄思越在《社会主义发展史纲》中首先译介了堺利彦于昭和二年（1927）八月所著的“译者序”，其中介绍了《发展》一书的由来及其各版本出版发行情况。同时，“译者序”还介绍了该书日译本在日本的译介出版情况，指出此新版乃由德意志原文直接译出。黄译本文后附了黄思越所作的“重译者跋”，从中可知黄思越译本完成于“共和纪元十有七年三月二十日，日本普选初次举行之日”，即1928年3月。而《发展》一书由朱镜我翻译的首个中文全译本实际也是于1928年3月完成于日本。这两个译本翻译时间相同，只是出版时间相差数月，而且，黄思越译本是根据堺利彦最新译本翻译而成，这也是当时日本最具权威性的译本。可以说，黄思越身在日本能够获取最新的《发展》一书日译本且反应迅速。关于该书的重译目的及考虑，黄思越讲道：

> 因倪斯为仅次于马克斯之社会主义箸作家。此小册子与《资本论》《共产党宣言》共为马克司派社会主义三大杰作。风行欧美……近在日本，尤有一日千里之势。大抵资本主义盛行之地，即其流行尤速……汉民族百不如人，即区区学术研究，亦在在落伍。迩来震动全球之社会主义运动，虽稍有所闻，而为其主义之不朽杰作，乃尚绝少介绍，因是模糊影响，错误百出。排之者大都吠影吠声，不问其造因，和之者大都扪数扪籥，不究其真相，纷纠日亟，滋祸无穷。大凡一主义之形成，必有其相当原因，相当过程，亦必生相当结果。不导其源，不畅其流，而欲其免于决川溃堤，是乌可得，故余为学术研究不能不重译此书，甚望排之者与和之者之各深加以研究也。（第81—82页）

可见，黄思越主要是出于学术研究目的重译此书，以此不朽杰作来纠正对社会主义的模糊和错误认知，在学术上不至于继续落伍。同时，他也认识到了该书的流行之势，尤其在日本的传播已是一日千里，社会主义运动已成为震动全球的大事，中华民族亦应对其充分了解。此外，黄思越对待科学社会主义的态度理性客观，他既充分肯定了该书的价值和地位，也呼吁赞成和反对社会主义的人都不应盲从，而应该追源溯流搞清该主义的真正内涵。可以说，经历了新文化运动以来的“问题与主义”之争，中国进步知识分子对于马克思主义的态度更趋理智，对马克思主义的理解与接受并非简单“拿来主义”，而是更多以其本源追溯思想实质、从现实语境探索理性启示。

社會主義發展史綱
黃思越譯
上海泰東圖書局印行
1928

社會主義發展史綱
恩格斯著
堺利彥譯
黃思越重譯

社會主義發展史綱
譯者 黃思越
發行者 趙南公
印刷者 上海泰東圖書局印刷所
總發行所 上海泰東圖書局

《社会主义发展史纲》黄思越译本封面、内页及版权页

堺利彦将《发展》一书视为同《资本论》《共产党宣言》并列的马克思派社会主义的三大代表作，对该书多次翻译、订正、补译、重译。黄思越通过翻译堺利彦的“译者序”梳理了《发展》一书的成书背景及出版传播情况，该部分内容主要译自1892年英文版序言。此外，序言中还介绍了该书日译本的译介历程，从明治三十九年（1906）首译刊载于《社会主义研究》杂志第四号，大正七年（1918）在订正后出了新译本，“其后更施订正，并加序论，以单行本发行”（“译者序”第5页）。而且，早期译文都是从英文版译出，堺利彦的此最新译本则是从德文原文直接译出，文中除原注外，还有译者自己加入的注解。需要注意的是，堺利彦特别提到“前之单行本因检阅而被涂抹部份，在此新版依旧削去，盖甚遗憾而无可如何者也”（“译者序”第6页），这也从另一个角度说明了《发展》一书在日本的译介传播始终受到当局的限制。黄思越在翻译此书时，将日译本中的缺失部分都补全出来，“原译本被涂抹部份，一一依据英译本补足。并于栏外加以小注，以便读者”（第82

页）。可以说，黄思越是根据日译本并参考英文版翻译了此书。另外，黄思越对于《发展》一书在日本的译介情况非常了解，尤其该书在日本的发行传播情况对于黄思越对《发展》一书在中国的定位有很大影响。黄思越指出，“堺利彦氏初译载于《社会主义研究》杂志。大正七年，再加订正，揭载于《新社会》杂志，未及终篇（尚余第三章），突遭发卖禁止之处分……据堺氏推测，《新社会》为评论杂志，因受处分，若在研究学术杂志，则不妨揭载。堺氏因力订旧译，成为研究学术小单行本而公刊之”（第81页）。堺利彦译本在日本的传播经历及堺氏“以学术之名译书推广”的策略无疑对黄思越的翻译策略也有一定影响，因此，黄思越译本宣称该书就是为学术研究，以此正名，以促传播。应该说，在思想传播早期，译者往往以新知识之名传递新思想，既为减少接受阻力，也可引发读者兴趣。

值得关注的是，黄思越译本与堺利彦日译本的书名相差较大。堺利彦译本单行本初名为《由空想向科学》，后改为《社会主义之发展》，这正是黄思越译本之蓝本。而黄思越将书名定为《社会主义发展史纲》，“史纲”之名更具学术特质，这既体现了译者“以学术研究为目的”的重译策略，自然也使该译本在大革命失败后的白色恐怖中多了几分安全性。关于书中各章标题及章内小标题，堺利彦在译者序中曾说过，都是原文所没有的，而是译者自己加的，文中还有诸多译者添加的注解。黄思越译本将这些标题都一一译出，加注处也都译出。但与日译本不同的是，文中有多处英文单词是日译本所没有的，这似乎更证明了黄思越以日译本为底本、参考英译本完成了该书的翻译。

该译本完成5个月后，由上海泰东图书局出版发行。目前尚无法考证是书局约译稿在先，还是黄思越完成译本后，再由旅居日本的其他进步知识分子介绍给上海泰东图书局。无论如何，该译本成为这一时期多个《发展》译本之一，推动了《发展》一书在中国的广泛传播。这不但是第一次国共合作破裂及大革命失败后国人继续探索漫漫前程的尝试，也是科学社会主义思想及唯物史观逐步融入中国革命实践的探索。黄思越译本作为当时最新最全的日译本重译本，承载了日本社会主义者对马克思主义的认知，也体现了中国知识分子对科学社会主义的学理性探知。

《社会主义从空想到科学的发展》黄思越译本译文解析

重读《发展》就是要研读原著，并将之与当今的版本加以比较，从而考虑其术语内涵和话语特征的变迁，以此透视《社会主义从空想到科学的发展》黄思越译本（以下简称“黄译本”）的现实意义和启发。本书所对比的当代《发展》版本选自《马克思恩格斯文集》第三卷（2009年版），并适当与日译本部分内容加以比对，以从溯源的角度更好地解读黄思越译本。

一、术语考证

《发展》一书既具有严密的学理基础，又具有直观易懂、便于普通大众阅读的特点。黄译本中的术语译词不但受到原著及日译文的影响，而且因其参阅英译本对日译本中缺失涂抹之处进行了补充，所以黄译本在很大程度上也体现了译者自身对《发展》一书的术语概念的理解。黄译本术语与如今通行的术语有一部分是一致的，说明这些译词在当时已趋于规范、稳定并沿用至今，但很大部分译词存在差异，这一部分是受时代和译本底本影响而表述不同，但内涵所指基本一致，另一部分则是术语译词表述不同，意义所指也有很大差异。

首先，黄译本中如下译词与如今译本中的译词完全一致：资本家、阶级对立、理论形式、物质的经济的事实、思想材料、革命、权威、宗教、国家制度、怜悯、特权压迫、理想化王国、所有权、人权、劳动阶级、无产阶级、共产主义、博爱、生产力、交换形式、绝对真理、辩证法、形而上学、流动、巨大流产、阶级斗争、生产关系、交换关系、意识、上层建筑、剩余价值、商品生产、自由竞争、过剩、托拉斯，等等。黄译本以堺利彦日译本为底本，其术语译词基本与堺译本一致，上述译词在黄译本中已出现，至今仍然沿用，一方面说明以这些译词为代表的马克思主义术语翻译受到日译本的很大影响，另一方面也说明在上世纪20年代末，如“共产主义”“阶级斗争”“无产阶级”“剩余价值”等术语经过五四新文化运动时期的马克思主义译介传播已然成为确立译名且被广为接受。思想早期译介传播中，各译本之间的译语传承不容忽视，沿用下来的译词经过各时期历史语境下的选择与阐释逐步建构并固定在译入语中的意义内涵，而不同译本正是通过译语间的关联变迁记载下不同思想逐步被理解与接受的脉络。

其次，黄译本中译词与如今译本也有明显的差异，通过译词比较可追溯其背后动因。以表1中部分译词比较为例：

表1　黄译本与今译本部分译词比较

黄译本	今译本	黄译本	今译本	黄译本	今译本
有产阶级	资产阶级	道理	理性	生产方法	生产方式
有产者	资产者	理想	空想	同业组合	行会
民主共和制	民主共和国	宇宙观	自然观	回旋点	转折点
（被）榨取者	（被）剥削者	侮蔑	鄙视	社会改良	社会改革
富裕而游惰者	游手好闲的富人	不义	非正义	真实	现实
不可相离之权利	不可剥夺的人权	诈术	欺诈	一般自然	自然界

续表

黄译本	今译本	黄译本	今译本	黄译本	今译本
近世社会主义	现代社会主义	奸策	蓄意刁难	人世历史	人类历史
惟物论	唯物主义	社会形体	国家形体	智的活动	精神活动
工资劳动者	雇佣工人	不义恶德	贿赂	进化过程	发展过程
人世行为	人类的一切活动	运命	命运	思案	思维
理智	思维着的知性	产业革命	工业革命	内部法则	内在规律
执政官时代	督政府时代	智识	知识	理性	观念
生产物之交换	产品交换	社会组织	社会制度	现实的画	现实化
劳动要具	劳动资料	社会构造	社会制度	支配阶级	统治阶级
恶魔大王	魔鬼似的统治者	劳动阶级	工人阶级	领有形式	占有形式
从顺奴仆	顺从的奴仆	恐慌	危机	叛逆	反对
生产机关	生产资料	生存竞争	生存斗争	社会组织	社会结合

从表1可见，黄译本中有些译词虽与今译本表述有异，但意义基本是一致的。如“富裕而游惰者”“人世行为”“恶魔大王”“回旋点”“人世历史”“诈术”“一般自然”“宇宙观”等，这些译词的差异更多是受当时语言表达习惯影响，“运命”“从顺”这样的词序也与语言时代特征相关。同时，黄译本译词无疑受到日译本影响，如“智识”“领有形式”“智的活动”“同业组合”“近世社会主义”“恐慌”等译词完全译自日译文，尤其“智识”“同业组合”等词在陈望道所译的《共产党宣言》中也曾出现，是当时日译本中常见且稳定的术语译词。此外，有些译词体现了当时社会思潮发展趋势及语境需求，如“社会改良”和“进化过程”今分别译为“社会改革”和“发展过程”，“改良”“进化”无

疑是当时中国社会的流行语，承载着当时的时代探索与认知规划。进化论思想对20世纪早期的中国影响深远，大多数进步知识分子都在谋求较为温和的自然进化的救国之路；而“生存竞争”如今译为“生存斗争”，从“竞争”到“斗争”既体现了手段之差异，也表明了以《共产党宣言》和《发展》为代表的马克思主义著作在中国的译介传播随中国革命实践深入而不断实现“译词尖锐化”[①]的趋势。

当然，黄译本中有些译词是术语译名尚未确立之前的表述，有其理解的局限性及对术语概念进行语境定位的尝试性。如“（被）榨取者”“不可相离之权利”“惟物论”“工资劳动者”“生产物”“劳动要具”“生产机关”“生产方法”“现实的画”“恐慌”“支配阶级”等，体现了当时知识分子对这些术语概念的语境化解读，尤其“有产者”“无产者”“有产阶级”这些译词频繁出现，说明当时“资产”这一概念尚未明晰，译者还是从“有、无财产”的角度进行阶级区分，对其属性认识还不够深入。而“道理”“理想”（今译为“理性”“空想”）这样的译词，显然是译者对于相关概念尚处于感性和朴素的认识阶段，并没有深刻意识到其理性内涵；“社会组织”“社会构造”如今都译为“社会制度”，尽管这些译词表达出了原文的字面意思，但显然如今的译词才揭示出“制度”这一本质体现，这样的译词变迁恰恰见证了《发展》中的术语概念随中国社会历史语境的变化与需求，被不断激活其关联意义并建构起中国化概念体系的过程。

再次，关于《发展》一书中的部分术语，黄译本与其日译本底本的

① 陈力卫：《让语言更革命——〈共产党宣言〉的翻译版本与译词的尖锐化》，《新史学》第二卷，中华书局2008年版，第189—210页。

译介方式有所区别。恩格斯曾在英文版序言中指出："本书中所用的经济学名词，凡是新的，都同马克思的《资本论》英文版中所用的一致。"[①]可见《发展》一书的术语概念与马克思主义系列著作术语相呼应，共成一个体系。堺利彦日译本将《发展》一书的英文版序言以"序论　唯物论と宗教思想"为题附在文后一并译出，并且还将其分成十三部分并给每部分拟定了标题，其中第二部分为"经济学的用语の说明"[②]，专门介绍了英文版序言第七段的内容。从其中的译词来看，日译文中"物品""生产者""使用价值""商品の生产""交换""资本家""劳动力""卖价""工业的生产""手工业""工场手工业""动力""监督"等术语与今编译局译本英文版序言第七段中的译名完全一致。而且，堺利彦不但保留了"商品の生产"的英文"Production of commodities"，还特意为"手工业时代""亲方职人""下职人""徒弟""制造业时代""近代的产业时代"这些表达特定时期及群体的译名添加了片假名，在原文语义理解的基础上创造了特有的术语译词。堺利彦译本中的部分术语在当时已有较高的认可度，奠定了日本接受马克思主义经济学思想的基础，且经由翻译传入中国后使用至今，进一步影响了中国对马克思主义经济学思想的理解与建构。

黄译本没有翻译《发展》一书的英文版序言，其文中术语译词尽管

---

① 《马克思恩格斯文集》第三卷，人民出版社2009年版，第501页。

② 堺利彦日译本中所附的《发展》英文版序言共分为十三小节，题目依次为：一、此の书の由来；二、经济学的用语の说明；三、唯物论は英国の自然儿；四、英国の不可知论；五、新カント派の不可知论；六、封建制度とブルジョアジ-；七、ル-テル及カルヴインの宗教改革；八、英国贵族とブルジョアジ-との妥协；九、ブルジョアジ-と宗教的信条；十、英国ブルジョアジ-の无教育と偏见；十一、道德的手段に依つて人民を驭すべき时；十二、大陆ブルジョアジ-の自由思想放弃；十三、劳动阶级の胜利の希望。

受到日译本底本的影响，但是又体现了译者试图结合原著与译入语语境进行再解读的主体规划。如第一章第二小节中的“商工市民”和“同业组合”都与日译本一致，“商工市民”的英文原词为“burghers”，今译为“资产阶级”，英文版原文将其定义为“其声称代表社会所有其余部分”（who claimed to represent all the rest of society），堺利彦在参考英文版翻译的早期译文中将其范围调整为代表“一般下层社会”，明显与贵族阶层有高低之分（参考德文版校译后的译文将“下层”二字去掉），而黄思越此处译为“自任为其外一般社会代表者之商工市民”，并在文后添加注释“商工市民，即有产者，以有产者为一阶级而观察时，是为有产阶级”，直接将“商工市民”等同于“有产者”。以德文原版校译后的日译本也添加了对“商工市民”的文后注释，堺利彦列出了该词的德文和英文，但是并没有出现“有产者”字样，而是以片假名“ブルジョア”代表了这一外来概念术语。“burghers”一词本意为“市民”，日译本添加的定语“商工”二字无疑定义了这一市民群体的身份及定位，而黄译本则对引自日译本的“商工市民”又进行了新的内涵阐释，从事“商工”之人在日本或被视为下层社会的代表，但在当时的中国则是“有产”的体现。可见，即使同一译词在不同语境中也有其各异的内涵所指，突破语言界定而被赋予特定的社会意义。

“同业组合”的英文原词为“guild”，今译为“行会”，日译本中该译词的注释列出了其德文和英文原文并分别附以片假名，黄译本在列出其德、英原词“Zunft”和“Guild”外，还附有两个词的音译“準夫托”和“基尔督”。与日译本不同的是，黄思越还为该词添加了一个注释即“座”，译者并未说明“座”的内涵，但此处应取其“器物的基础部分或较大的固定物体”之意，意指商工业者形成的组织规模。需要指出的是，黄译本在第三章“科学的社会主义”第二节“近世社会主义”文后所附的“注三”也提到了“同业组合”，称之“相当于德语‘準夫托’，英语‘基尔督’，日语之‘座’”。但对比日译本中同一位置的注释和译文，并没有出现日语之“座”的字样，反而是黄思越将日文中“同业组合の制度”译为“‘座’之制度组织”（第53页），可见是黄思越根据自己理解总结添加的释义。在术语译词的理解与选择上，尽管黄思越也参阅了《发展》的英文版，但德、英、日版本或直接或间接都成为其翻译的源语，使《发展》一书黄译本成为译者“选择之选择”的必然结果。

尽管黄译本对于个别术语的原词进行了音译，如将“Handwerk”译为“亨德洼苦”，但绝大多数译词都是直接从日译本中“拿来”，并未解释其与德、英原文的对照关系，也使这些汉字译词在“旅行”中被赋予新意。如堺利彦在根据德文版校译的第三章第三节中特意说明，“生产机关”中的“机关”、“劳动要具”中的“要具”，其实都译自共同的原语“Mittel（means）”，而这一词又在其他场合被译作“手段”“资料”，意即同一原语在不同语境下会对应不同的译语。但是，黄译本中对此并没有相关说明，而是将日译本中上述译词直接拿来使用，使得当时国人从土地和资本的视角来理解生产手段，并将生产资料等同于生产手段，这也是当时译自日文著作中译词理解和使用略显混乱的常态。甚至在后期30年代吴黎平译本中也存在以“工具”“手段”译介“生产资料”的情况，今译本确定为 “生产资料”，一方面体现了从“方式”到

"对象"的内涵深化与拓展，另一方面也是马克思主义核心术语随着中国社会经济发展逐步统一规范的见证。

最后，有些译词从日文到黄译本，再到今译本中的变迁，也体现了国人对《发展》一书中马克思主义经济学思想的理解与建构不断深入的过程。如黄译本第三章第四节中"工资劳动者"一词，日译本为"赁银劳动者/赁金劳动者"（以英文版为底本译为"赁银劳动者"，以德文版为底本译为"赁金劳动者"），今译本译为"雇佣劳动者"。该词的英文为"wage-worker"，日、中译本都以"劳动者"对译"worker"似乎无可争议，而"wage"的译语则有差异。日译本的"赁银/赁金"都是指"支付雇请劳动报酬的钱"，幸德秋水和堺利彦在《共产党宣言》首个日译本中也将此词译为"赁银"，但是陈望道在参考首个日译本翻译的《宣言》中将此词译为"工银"，黄思越与陈望道一样都没有直接采用日语译词，黄思越用"工资"一词显然受到新文化运动倡导的白话文影响，也蕴含着经济学思想对当时国人潜移默化的影响。"工资"取代了"金银"成为为现代工人支付的劳动报酬，凸显了"劳动者出卖劳动力作为商品挣取工资"的实质。而如今的"雇佣劳动"译词则淡化了原文"wage"作为"报酬"的含义，激活了其背后"雇佣"的对象关系，突出了二者的阶级属性划分；同时，将有产阶级与无产阶级二者置于"雇佣"行为的主客体对立状态。可见，术语译名随社会诉求及时代发展相应变迁，在从字面意义到内涵意义、从表征到本质的探析中逐步建构起适应译入语语境的话语体系。

术语概念的译名选择直接反映译者对于术语内涵的理解和阐释，同时关系到思想传播的效果和影响力。黄译本的术语译名主要受到日译本译词影响，同时在译者的自主选择及重释下建构起《发展》一书在当时中国语境下的思想内涵。翻译中的理解不是从源文到译文的水平式转换，而是在意义重构中逐步渗透融入本土思想体系。①黄译本中传载的日译词有些得以保留至今，是马克思主义术语经由日本进入中国并被固化接受的印证；有些译词则逐步被替换，在反复诠释中被赋予新的概念内涵。留在译本中的这些译词无疑记录下《发展》一书本土化传播历程中的探索的足迹。

二、观点疏正

黄译本于1928年8月出版，受其翻译底本影响及汉语表达及话语特征的变化，其中的观点表述与当今的《发展》译本有较大差异，体现了当时译者对社会主义思想的理解也存在个别误读。

首先，黄译本中保留了不少外文词语，这其中有个别是保留了日译本中的原词，而更多的则是黄思越参照英文版添加的。从数量来看，堺利彦依据德文原版校译的日译本中共有37处外文词语（之前依据英文版翻译的译本共有8处英文词语），黄译本中则多达85处外文词语，除个别法文及德文词外，绝大多数是英文词语。如今的译本只保留两处法文：一为“la classe la plus nombreuse et la plus pauvre”，即“人数最

① 对本句的理解参见“The direction of comprehension，therefore，will not be lateral—a slide from a to b，from text to interpretation，from source to translation along horizontal lines—but ingressive”. Steiner（2002：395）。

多和最贫穷的阶级”[①]；一为“crise pléthorique”，即“多血症危机”[②]。受语言形式的影响，日语中多以片假名音译外来词，堺利彦译本中的外来词也都译成了片假名，外文词汇保留少。但是，黄思越在翻译《发展》一书时不但将这些词译出，且保留了外文原词句。这些外文词以专名（包括人名、书名等）、术语和重要概念为主，这无疑为读者提供了可供参考的原文词语。如今最新的《发展》译本译自德文，而黄译本译自日译本，并同时参阅了英文版进行补充校阅，再进一步追溯还会发现，堺利彦译本是“由德意志原文直接译出”的新版，由此可见，黄思越根据英文版添加了他认为必要的外文词语，译者在译文中自主添加的外文词无疑增强了该译本作为研读文献的学理性。

其次，黄译本列有各章节题目，这在今译本中是没有的，甚至在《发展》一书的各版原文中也没有。恩格斯在《发展》的原文中，只用“一、二、三”标识出该书的三章，各章没有题目，章内也没有小节的划分。黄译本中的章节题目译自日译本，堺利彦在“译者序”中说明：“本文各章标题，及各章内小标题，为原文所无。章内分段，亦与原文有多少差异”（“译者序”第6页），可见，题目及分段都是堺利彦根据自己理解所做的调整。现将黄译本与堺译本的标题列出。

① 《马克思恩格斯文集》第三卷，人民出版社2009年版，第530页。

② 《马克思恩格斯文集》第三卷，人民出版社2009年版，第556页。

表2 黄译本与堺译本章节标题比较

黄译本章节标题	堺译本章节标题
第一章 空想的社会主义 一 法兰西革命之意义 二 近世无产阶级之先驱 三 三大空想家之出现 四 革命后新社会之失望 五 未熟的事实与未熟的思想 六 圣西门 七 蒲利尔 八 罗伯欧文 九 折衷的社会主义混成酒 第二章 马克斯二大发见 一 辩证法与形而上学 二 形而上学的思案 三 辩证法的思案 四 唯物史观 五 剩余价值说 第三章 科学的社会主义 一 唯物史观之前提 二 近世社会主义 三 社会的生产与资本家的领有 四 无产阶级与有产阶级 五 无产界无政府状态 六 产业豫备军 七 恐慌 八 资本集中 九 劳动阶级掌握政权 十 国家死灭说 十一 自由之国 十二 历史的进化概括	第一章 空想的社会主义 一 フランス革命の意义 二 ブルジョアと、ブロレタリアの先驱 三 三大空想家の出现 四 革命后に于ける新社会の失望 五 未熟な事实と未熟な思想 六 サン· シモン 七 フ-リエ 八 オ-エン 九 折衷的社会主义の混成酒 第二章 マルクスの二大发现 一 辩证法と形而上学 二 形而上学の考へ方 三 辩证法の考へ方 四 唯物史观 五 剩余价值说 第三章 科学的社会主义 一 唯物史观の前提 二 近世社会主义 三 社会的生产と资本家的领有 四 プロレタリヤとブルジョアジ- 五 生产界の无政府状态 六 产业预备军 七 恐慌 八 资本の集中、生产力の国有 九 劳动阶级の政权掌握 十 自由の国 十一 历史的进化の概括

通过对比可见，黄译本的章节题目基本与日译本的题目一致，除了日文章节题目中以片假名译介人名、国名（如“法兰西”“圣西门”等）和专有术语（包括“形而上学”“辩证法”“无产阶级”“有产阶

级”），黄译本都将之译为明确的中文术语。堺利彦在以英文版为底本的译本中还以片假名译介“辩证法”“形而上学”，在以德文版校译的新译本中则直接使用了汉字译名，也表明后期“辩证法”和“形而上学”的日译名已经确立。当然，从“马克斯”之名也可看出当时有些译名尚未确定和统一，存在一定的随意性。第三章第五节在目录中为“无产界无政府状态”，而在正文中则为“生产界无政府状态”，从日译本题目及黄译本译文中的表述来看，此节主要讲的还是生产界，“无产界”意指主体世界，而“生产界”意指客体世界，二者显然不同。此外，还有一处明显的差异，即早期日译本中第三章第十小节的题目被隐去以“××××××××××”代替，而堺利彦新译本则直接将此小节删掉，也就是堺利彦在译者序中曾提及的“被涂抹部分”。黄译本则将之补出译出，即“国家死灭说”。从该小节译名可推知此部分很可能是该译本遭遇“发卖禁止之处分”的原因。在堺利彦译本1930年版本及之后版本中此小节标题被直接删除，而黄思越则根据英译本补足了日译本中缺失的内容，无所顾忌地将该小节标题译出，以学术研究之名为自己的完整翻译正名。

需要指出的是，黄译本的章节标题对之后的《发展》译本也有一定影响。如1938年延安解放社出版的吴黎平译本《社会主义从空想到科学的发展》，该书也有章节题目，其第一、第三章题目与黄译本相同，第二章题为“辩证法的唯物论和剩余价值论的形成——从空想到科学”。各章内小节题目与黄译本不完全相同，但从小节的划分及题目主题来看二者有一定的相似性，吴译本很有可能参阅了黄译本。吴黎平在译文前所附的“关于中文译本的几句话”中曾提到，该译本是根据莫斯科出版的《马克思、恩格斯选集》的俄文标准本译成，并参考了这一选集的英文本，还提及曾见过这一名著的两种译本，但多有未善之处。该书的俄文版并没有章节标题，那么吴黎平见过的两种译本很可能其中就有黄译本，而黄译本的章节标题对其具有一定启示。《发展》一书早期的中译本有章节题目的基本都受到日译本影响，如刊登在《觉悟》上由丽英女士翻译的《发展》一书最早全译文，尽管有学者认为其根据英译本译出[①]，但其章节题目显然译自日译本。尤其是第三章第八节，黄译本为“资本集中”，而丽英女士译为“资本之大合同”，与堺利彦以英文版为底本的译本中同章节题目“资本の大合同”完全对应。再如朱镜我翻译的《发展》一书最早全译本，尽管只有章的题目，没有小节划分，但译者序里也提到其卷头的细目是参考了堺利彦的日译本。可见，以黄思越《发展》译本为代表的各译本，只要有章节标题，基本都受到堺利彦日译本的影响。看似简单的分节和添加标题，实则深刻影响了对《发展》一书的理解和诠释方式。

但是，无论是《发展》的德、法原文，还是如今的中文译本，都没有章节标题，这不禁让我们注意到细分章节及添加标题的必要性和合理性。首先，堺利彦划分的各章小节及添加的章节标题具有明显的主观性。堺利彦此举无疑是为了通过对《发展》一书的加工与分析，使其思路清晰、更具可读性，以标题为线索引领读者更好地理解原文。但由于原文三章内容各为完整的整体，这就使得章内再分小节难免出现内容重复或是衔接欠妥的问题。如第一章第三小节“三大空想家之出现”显然

① 薛俊强：《恩格斯〈社会主义从空想到科学的发展〉研究读本》，中央编译出版社2013年版，第52页。

与本章第六、七、八小节具体介绍三位空想家思想主张的内容脱节；第二章第二小节“形而上学的思案”与第三小节“辩证法的思案”的划分导致例证被分割，第二小节在讲形而上学的思维时恩格斯举例加以说明，但同时这一例证也为了引出辩证思维的主题，将例子划为第三小节的开头，不但切断了第二小节的完整论述，也使第三小节开篇显得文不对题；第三章第一小节“唯物史观之前提”置于第二章第四小节“唯物史观”之后，在论述逻辑上也颇显牵强。其次，有些小节的划分把紧密相关的段落拆分开分别归入两个小节，这显然有悖原著的初衷。将同一话题划归不同章节明显会把完整的内容割裂，破坏论证的严密性。如第三章第九小节与第十小节的划分就是将相呼应的两个段落强行拆开。黄译本第九小节“劳动阶级掌握政权”最后一段为：

> 与资本家的生产法渐次驱大多数人民变形为无产者同时，作出无论如何不可不完成此革命——否则自己不免灭亡——之力。又与既社会化之大生产机关渐次变形为国有，同时指示其自身以完成此革命之途径。即劳动阶级掌握国家权力，先移生产机关为国有是也。（第69页）

第十小节“国家死灭说”开篇为：

> 劳动阶级，依是废除为无产者之自身，依是废除一切阶级差别与阶级对立，更废除为国家之国家。从来依阶级对立而运转之社会，以国家为必要。即当时榨取阶级，以维持其生产的

外部条件之组织，从而以依现存生产方法所生之压迫条件（即奴隶制，农奴制，工资劳动制），强制的使被榨取阶级服从之组织，为必要……（第69页）

这两段话在今译本中属于同一段落，今译为：

资本主义生产方式日益把大多数居民变为无产者，从而就造成一种在死亡的威胁下不得不去完成这个变革的力量。这种生产方式日益迫使人们把大规模的社会化的生产资料变为国家财产，因此它本身就指明完成这个变革的道路。无产阶级将取得国家政权，并且首先把生产资料变为国家财产。但是这样一来，它就消灭了作为无产阶级的自身，消灭了一切阶级差别和阶级对立，也消灭了作为国家的国家。到目前为止在阶级对立中运动着的社会，都需要有国家，即需要一个剥削阶级的组织，以便维护这个社会的外部生产条件，特别是用暴力把被剥削阶级控制在当时的生产方式所决定的那些压迫条件下（奴隶制、农奴制或依附农制、雇佣劳动制）。①

黄译本（依照日译本）将两部分分开陈述，似乎给读者的感觉是二者之间并无直接关联。但从今译本添加的“但是这样一来”可见，两部分蕴含着直接的转折与顺承关系，将两部分分成两个小节无疑削弱了二

① 《马克思恩格斯文集》第三卷，人民出版社2009年版，第561页。

者的关联性。第九小节意在得出“资本主义生产方式迫使无产者不得不采取此革命之途径：即劳动阶级掌握国家权力，先移生产机关为国有”这一结论；第十小节则以“生产资料国有化所带来的结果”开篇。但是第十小节以“劳动阶级”作主语开头，并列叙述“依是废除……依是废除……更废除……”，意为三种事物的废除都是劳动阶级所为，这显然是有误的。劳动阶级作为无产者本身会被废除，至于废除阶级差别与阶级对立，甚至废除作为国家之国家，劳动阶级并非“废除”的行为主体，它自身也是被废除的对象。真正造成这一切被废除的前因正是第九小节的革命途径，今译本以“它”指代前述缘由无疑更为明确清晰。黄译本中的“废除”一词今译为“消灭”，表明了变革结果更趋坚定彻底；而“revolution”一词在黄译本第九小节中译为“革命”，今译本译为“变革”，这种看似力度减弱的译词变化体现了不同时期译本译词选择迎合了不同社会需求的翻译调节之效。在黄译本问世时期，生产资料国有化是革命的目标与途径，而新中国成立后，国有化过程则是社会变革及发展的重要内容，“变革”显然比“革命”更契合新时期的社会诉求。

再次，原著每章内容是一个有机的整体，论述存在包含融合之势，而强加分割则会导致某一部分的论述难以用一个小标题准确概括。如第三章第六节“产业豫备军”部分就出现标题与内容不符的现象。该节虽以“产业豫备军”为题，但文中内容仅提及三次“产业豫备军”（Industrial reserve army），而且“产业豫备军”只是工业时代机械发展造成劳动者过剩的结果，“超过资本雇入要求平均数之待命工资劳动者大众，成为完全产业豫备军……即在产业界好景况时被征发，从而在必然的恐慌发生时，被弃置于街头者”（第58页）。但此小节的真正议题是讲资本主义生产方法之“恶循环”，即“社会的生产无政府状态所有强压力，驱人类大多数渐次变为无产者，而此无产者大众，结局又使无政府的生产归于终结”（第57—58页）；同时，这种状态又会加剧两极分化，“在其一极为富之蓄积，同时，在其对极，即在以自己生产物为资本而产出的阶级（即劳动阶级）之侧，为贫困，苦脑，屈服，愚蒙，凶暴，堕落，之蓄积”（第59页）。因此，“产业豫备军”只是贫穷积累的表现和因素，这与恩格斯所讲的资本主义社会的基本矛盾表现形式并非直接相关，题目与主题的错位无疑会在一定程度上影响译文的连贯性，也可能导致读者对文中内容主线的曲解。 由此可见，黄译本中的章节划分及题目受到日译本影响，尽管在一定程度上使该译本更易阅读理解，但是打破了原作的整体性及内容的逻辑性。

此外，黄译本中还有多处加注，既有原著中自有的“原注”，也有堺利彦添加的“译者注”，还有黄思越自行加注。《发展》今译本中共有32条“脚注”，其中仅有5条为“原注”，其余都为添加的“编者注”。黄思越译本中共有40处注，除6处标注“原注”外，其余34处都为“译者注”。而考察堺利彦日译本可见，早期以英文版为底本的译本全文只有10处注，其中“原注”5处，“译者注”5处，后以德文版为底本的新译本中共有49处注，“原注”5处，“译者注”44处。黄译本中的加注显然受到日译本影响，这些注释以解释说明译文中关键术语内涵及来源为主，如第一章第七节中“恶循环”（第17页）一词，黄译本有如下注：“德意志原语Fehlerhaft Kreislanf同于Zirkelschluss。在英吉利语为Vicious Circle论理学上之‘循环论法’或‘循环论证之误谬’。”（第18

页）而堺利彦译本此处并无注释。此外，在第一章介绍欧文“彼取唯物论哲学，信人类性格，在一方，为遗传产物，在他方，为在其生存中，特别在其发育期，之境遇产物”[①]（第20页）时，黄译本还添加了如下注释：

> 马克斯《蒲忆巴（Feuerbach）论纲》（因倪斯（Engels）所著《蒲忆巴论》之附录）第三项，可为此之参照。“人为境遇与教育之产物，以已受变化之人为别境遇与异教育产物之唯物论，忘却其境遇不可不受变化于人，及其教育者自身不可不受教育。因而此唯物论，必然的分社会为二部份，使其中一方，超越于社会上。（例如罗伯欧文。）境遇之变化与人之活动，即自己变化，之一致，仅为革命的实践，此吾侪有把握，且合理的得以理解者也。”
>
> 右大都依佐野文夫氏译文。但末一节，依惹查诺由马克斯手记所见原文，因倪斯就其原文少加订正而发表者。（第20—21页）

此注释译自堺利彦新译本（之前以英文版为底本的日译本中无此注释），其中引介了马克思著作来参照论述，尤其提到了“境遇之变化与人之活动之一致，仅为革命的实践”，探析了革命实践中客观环境与主

① 此段话今译为：“罗伯特·欧文接受了唯物主义启蒙学者的学说：人的性格是先天组织和人在自己的一生中，特别是在发育时期所处的环境这两个方面的产物。”见《马克思恩格斯文集》第三卷，人民出版社2009年版，第533页。

体行动的一致性，而且译者认为对此很有把握且理解合理。可见，堺利彦在翻译该书时，不但参照德、英原版对旧译加以校阅，还广泛阅读相关日文译著及德、英文献以加深理解，其中部分论述甚至无形中已通过翻译转化为译者的思想。其添加的大量注释不但凸显了译者的解读与阐释，也为读者提供了额外的文献参考，间接增强了黄译本的学术研究价值。今译本在同样位置介绍欧文时有如下译文："罗伯特·欧文接受了唯物主义启蒙学者的学说：人的性格是先天组织和人在自己的一生中，特别是在发育时期所处的环境这两个方面的产物。"[①]但是并没有任何加注信息。黄译本中沿袭自日译本的互文性注释是早期获取新思想和新知识的有益辅助，而今科学社会主义思想在中国已落地扎根，因此，今译本已无须这些衍生信息，反而更注重对《发展》原著的本体研究。

黄译本问世时正值国内革命低谷，革命实践的失败重新引发了国人对革命进程的探索。同时，马克思主义经由五四新文化运动时期的宣传已经具有一定的传播基础，但是对马克思主义的理解还存在诸多模糊甚至错误认识。《发展》一书对马克思两大发现的论述，尤其是唯物史观引导下从历史发展规律洞悉人类社会变迁并深入探析社会发展的思想体系，引起中国进步知识分子的极大关注，从这一时期《发展》一书多个译本的集中问世可见一斑。黄译本从堺利彦译本译出，体现了当时日本社会主义者对《发展》一书的最高阐释水平，对于当时马克思主义在中国的译介传播无疑具有重要的学术意义。然而正如黄思越在书后"重译者跋"中所述，此译本是为学术研究而重译，文中观点多以学理探究为

① 《马克思恩格斯文集》第三卷，人民出版社2009年版，第533页。

主，而非指向实践，这显然背离了《发展》一书“是为在群众中直接宣传的小册子”的初衷，使该译本具有一定的历史局限性。

三、译文校释

黄译本定位为学术研究资料，其译文译词及表述基本传承了堺利彦日译本的表达，但黄思越在翻译选择及译文阐释中也表现出了其作为译者的个体理解与整体规划。

首先，黄译本虽然译自堺利彦日译本，但只翻译了该书正文和堺利彦的译者序，舍弃了日译本中所附题为《唯物論と宗教思想》的《发展》一书英文版序言。在根据德文版重译的日译本中，堺利彦还翻译了原著附录的《马尔克》一文，黄译本也将之舍弃，似乎在当时附录信息常被忽略，正文内容才被视为真正的原著，这一点在早期的《共产党宣言》译介中也有体现。不过从黄译本可见，黄思越对英文版序言及附录《马尔克》都是了解的，也就是说，他并非图省事或随意删减译文内容，而是根据文中思想的可理解性及中国社会的语境需求认真考虑后加以取舍的。如第一章第八节“制造业”有如下注释：

> 原语“孟纽擘骒尔。”（Manufacture.）普通译为制造，含有手工的制造，与机械的制造，但元来为机械的制造以前手工的制造之意味，“孟纽”即手之意。然究与中世纯粹手工业之为个人的者相反，“孟纽擘骒尔”者，多数职工，在大规模工场，依分业的而劳动者，为区别其意味，有时译为“工场的手

工业”。参照此书“序”中著者“经济的用语说明”。(第19页)

堺利彦译本所附英文版序言确有第二节名为“经济学的用语の说明”，但黄译本省略了英文版序言的翻译，此处黄思越所提及的是该译本文前所附的堺利彦“译者序”中关于经济用语说明的一段话：

> 此书中经济的用语，限于新语外，与马克斯资本论英吉利译之用语相一致。物品不仅为供生产者使用，并以交换为目的，即非为使用价值，而为商品而生产之经济相，(economic phase）吾侪称为“商品之生产”。(“production of commodities”）此经济相由为交换而生产之初发，伸延以迄今日。然仅在资本家的生产下，——即仅在为生产机关所有者之资本家，以工资雇佣劳动力以外，一切生产机关被夺人之群，即劳动者，而于生产物卖价中，窃取其超过出费之部份之状态下，——遂其充分发达。吾侪区别中世以后工业的生产历史为三时代。(一）手工业时代。(handicraft）……（二）手工的制造业（manufacture）时代（译注。或称工场的。手工业时代）……（三）近代的产业（modern industry）时代……（第4—5页）

此段话讲述了“商品之生产”的内涵，并探讨了工业发展的三个历史阶段。黄译本在注释中提示读者可参照这段话实则是为了更好地区分并理解“制造业”一词，其有别于之前的纯粹手工业，是指“多数职工集于大规模工场，依分业而生产的物品，各职工只为部份的作业，生产物顺次经劳动者全部之手，始完成商品”（“译者序”第5页）。细加对比会发现，日译本中上文注释在谈到“制造业”一词时，只用了片假名和德语“Manufaktur”，并无英语单词。可见黄思越自己音译了“孟纽擘骤尔”，并根据英译本（或根据堺利彦“译者序”中的内容）添加了“Manufacture”一词，又将“译者序”中的英文版序言相关内容以延伸注释形式添加到译文之中，阐释了关键语句和概念的语义内涵。

同时，第三章第五节提到“马尔克”时，还加注说明如下：

> “马尔克”为在德意志及其他之“村落共产体”后身，耕地渐次成为个人私有时，山林原野等，犹为共有而成一自治的团结。因倪斯有研究“马尔克”论文，为此书德意志版附录，然在内容上无直接关系，故此译本省略之。（第55页）

黄思越对“马尔克”的加注无疑使读者了解了其所指，是必要且有益的补充。以英文版为底本的日译本中此处并无加注，而以德文版重译的日译本中添加了该注释。只不过日译本中指出“本译书附录（二）的‘マルク’就是恩格斯所著的研究论文，并标明了页码供参阅，而黄译本则将此处改译为“因倪斯有研究‘马尔克’论文，为此书德意志版附录，然在内容上无直接关系，故此译本省略之”。“马尔克”最初是英文版《发展》一书的附录，黄思越将之归为德文版附录，有可能是参考的版本不同。

其次，黄译本对于《发展》一书的解读具有互文意识，参考该书多语版本并将之与马克思其他经典著作相关联，无形中拓展了《发展》一书的阅读维度，并推动了读者对科学社会主义思想的体系化建构。在该译本的翻译过程中，黄思越参阅的书目译文并不限于堺利彦新译本，他还对照了之前堺利彦以英文版为底本译介的日译本及英文原版。如第三章第二节“近世社会主义”中的“注一”就写道：

> 余依英译本之前译如次。“资本家的生产方法，与封建制度不适合，与封建制度付与个人之特权不适合，与一切社会之阶级的等别及地方的团结不适合，更与为其社会组织骨格之世袭的主从关系不适合。”依此可更明瞭原文意味。（第48页）

可见，黄译本立足于文本的可读性而选择更易理解的源文本。另外，第二章第四节“唯物史观”中的两处注释信息：“‘过去一切历史……为阶级斗争之历史’见于马克斯与因倪斯共著之《共产党宣言》”以及“此部份参照马克斯所著《经济学批判》序文中，有名之唯物史观要约的叙述一节，意味更为明白，如左”（第40页），其中提到的两本著作《共产党宣言》和《经济学批判》都是马克思主义重要文献，这种互文提示无疑会在一定程度上激发国人的研读兴趣。

尽管黄译本译自日译本，但黄译本的注释并非与之完全相同。如第二章第四节的六个注释与日译本注释不但顺序不同，内容也有差异。黄译本在介绍唯物史观之后对注释内容进行了调整加工，添加了恩格斯的评价：“与达尔文发见有机的自然之发展法则相同，马克斯发见人世历史之发展法则。”（第40—41页）这个意思恩格斯在《共产党宣言》1888

年英文版序言中就曾说过，突出强调了唯物史观的重要意义。再如第二章第五节“剩余价值说”，黄译本中有一个五百余字的加注，摘录了“马克斯所著《工资，价格，及利益》”（第43页）中关于资本生产过程及剩余价值产生的论析。马克思这本书今译为《工资、价格和利润》[①]，堺利彦日译本中将此书译为《价值、价格和利润》。黄译本在注释中就没有遵循日译本中“将剩余价值称为‘利润’”的译法，而是将剩余价值称为“利益”，在引介马克思这本书时也将书名中“工资”和“利益”两个词做了调整，使其有异于日译本。《发展》一书今译本中并没有这段长注释，这段话对于当时理解剩余价值的内涵及产生具有重要意义。黄译本将“价值”变更为“工资”，很难查证他是否因为查阅了该书的德文版而作了调整，也有可能他从其他途径听说过这本书，故将书名做了改变；而以“利益”指称“剩余价值”则体现了译者当时的理解水平，是“利润”之译名尚未确定和接受之时译者的尝试。“利润”是经济学概念，而“利益”是社会学概念，在经济学体系尚未建立的时代，国人往往从泛在的社会关系视角解读经济行为。可以说，译本一旦脱离其源语语境而在目标语语境中传播，就获得了重生而独立的生命力。从这个意义上讲，黄译本中的注释信息体现了译者对原文思想的自我加工与全新阐释，也印证了当时社会主义思潮传播背景下经济学思想进入中国时经历的选择与调整。

再次，黄译本沿袭了日译本的语义阐释模式，由于部分日汉语词同形之便，“现成的”译语一方面间接提升了黄译本的思想认知水平，但

---

① 《工资、价格和利润》最初是马克思于1865年在国际工人协会总委员会会议上用英语所做的演说。后以《价值、价格和利润》（*Value, Price and Profit*）为题发表，德文版改名为《工资、价格和利润》。

另一方面也难免使有些语句表达略显晦涩。如"'财产所有之自由'(Freedom of property)固免封建制度之桎梏而正确实现"(第9页),今译作:"现在已经实现的摆脱封建桎梏的'财产自由'"。从上下文语境可知,"财产所有之自由"是与后面的"与财产分离之自由"相对的,"财产所有之自由"以及"封建制度之桎梏"中的"所有""制度"无疑明晰化了"自由"和"桎梏"的本质,这样深入的理解在当时来看也是十分难得的。另外,在第二章第四节"唯物史观"开头,黄思越还对"既知德意志唯心论之全然错误,当然唯物论因之重兴"这句话做了加注解释:

> 因倪斯于此,排斥"从来之"哲学,即形而上学。辩证法,又辩证的唯物论,因倪斯之意见,犹为哲学而残存。若以"费罗梭菲"(Philosophy)(哲学)为由德意志语"乌忆尔安萧隐"(Weltanschauŭng)(世界观)译出,则当然可称唯物史观为马克斯世界观之核心,或马克斯哲学。(第37页)

早期的日译本中此处并无加注,堺利彦新译本添加了此注释,指出唯物史观为马克思哲学之核心。唯物史观在新文化运动后受到中国进步知识分子的广泛重视,此处补充"唯物论因之重兴"的注释无疑对国人更具吸引力,且在一定程度上加深了对唯物史观在马克思主义思想体系中地位和价值的认识。日译本注释中并没有出现"Philosophy"和"Weltanschauŭng"这样的英、德原词,而是都用片假名标识外来专名,"哲学"和"世界观"两个译词在日译本中已出现。黄译本直接采用了日译本中既有的专名译语，并补充了英语和德语原词且附以音译。无论从英语和德语溯源唯物史观之性质，还是断定唯物史观在马克思主义思想体系中的地位和意义，都体现出译者较为认真的学术态度和理性判断力。概念语词在初入中国时多以音译出现，如“赛因斯”“德谟克拉西”等，但由于这些译词没有实际的意义且冗长拗口，所以多被专名译语所替代，而这其中很大一部分译语则来自日本。从这个意义上看，日译本既有的专名译语极大地推动了马克思主义思想概念在中国的传播与接受。

同时，有些照搬自日译本的语句不同于汉语既有表达，也难免产生歧义。如黄译本第三章第十节“国家死灭说”中讲到，如果说阶级的划分具有某种历史的理由，那也只限于在一定时期内或在一定社会条件下，“即为基于从来生产之贫弱者。从而共近代生产力之充分发展而一扫”（第72页），这句话今译为“这种划分是以生产的不足为基础的，它将被现代生产力的充分发展所消灭”[①]。黄译本的这句话明显读起来不太通顺，而且容易产生误解。“生产之贫弱者”给读者的感觉是指生产力不够强大的一群人，那么，从译文看就容易理解为：阶级划分是由于一些生产力很弱的人造成的，难道生产力强大的群体就不会产生阶级划分了？显然此处不应指代某一群体，而是指生产力不发达这一现象。“者”在早期白话中可用在句尾，表示希望或命令的语气；但是“者”用在形容词或动词后则表示有此属性或做此动作的人或事物，此用法最为常见；“者”也可用于分句后表示停顿。此处应表示停顿，但是这种

① 《马克思恩格斯文集》第三卷，人民出版社2009年版，第563页。

一词多义的用法会在一定程度上误导读者。“近代生产力”应指“现代生产力”，“近代”一词在黄译本问世时期使用较多，随着时代的发展，现在都将“近代”译为“现代”，这也是由于不同时期对于历史阶段划分的主观体验不同。而“一扫”在汉语中很少单独使用，此处意为“一扫而光”，这种表达无疑是受到日译本影响。而对比堺利彦译本会发现，黄译本此句中的“生产”“贫弱”“基”“从”“近代生产力”“充分”“发展”“共”“一扫”等汉语译词都取自日译本，甚至有的词都是按日文顺序译出。由此可见，黄译本的译语（甚至包括译语顺序）受到日译本较大制约，这固然是提高翻译效率的一个因素，但也是造成该译本语句略显生涩、不够顺畅的原因之一。

最后，黄译本依据英译本补足了日译本中被涂抹部分，并在其中表达了自己对于科学社会主义的理解。在译本结尾部分进行“历史的进化概括”中，黄思越补全了对于无产阶级革命的总结：

> 与社会的生产无政府状态之消灭相关连，国家之政治的权力，归于消灭。人类乃成为自身所作出之社会组织之主人，同时并为自然界之主人，为自身之主人，——到底，为自由。（第79页）

这段话在今译本中译为：

> 随着社会生产的无政府状态的消失，国家的政治权威也将消失。人终于成为自己的社会结合的主人，从而也就成为自然

界的主人，成为自身的主人——自由的人。[①]

堺利彦早期译本中将“国家之政治的权力，归于消灭”这句话省略了，在以德文版校译的新译本中只将“国家”二字省略，译为“××の政治的权威が死灭する”。可见，对于国家的诋毁之言在日本是不便传播的。黄译本此处译为“国家之政治的权力”，“权力”与“权威”内涵不同，前者与所处的地位、位置高度相关，且具有一定强制性，而后者与内在属性或品性相关，带有感召性。“消灭”一词在今天看来显然不如“消失”合适，“消灭”多作及物动词，事物只能被“消灭”，或自行“消失”。黄译本中“到底，为自由”表达了译者对于“自由”的终极解读，而今译为“自由的人”则重在对于“人的自由”的完全诠释，二者侧重的概念内涵有所区别。

再来看译文的最后一段，这是《发展》一书的总结语，讲述了无产阶级运动理论的使命和任务。黄译本译为：

成就此全般的解放行为，乃近世无产阶级之历史的使命。而透彻理解此历史的条件，及此行为之真实性质，分赋此条件之完全智识，及此应完成之重要行为之意义，于现在被压迫之无产阶级，乃科学的社会主义无产阶级运动之理论的宣传之任务。（第79页）

---

①《马克思恩格斯文集》第三卷，人民出版社2009年版，第566页。

这段话今译为：

> 完成这一解放世界的事业，是现代无产阶级的历史使命。深入考察这一事业的历史条件以及这一事业的性质本身，从而使负有使命完成这一事业的今天受压迫的阶级认识到自己的行动的条件和性质，这就是无产阶级运动的理论表现即科学社会主义的任务。①

堺利彦在昭和二年（1927）八月所做的“译者序”中曾说，“前之单行本因检阅而被涂抹部分，在此新版依旧削去”，译文最后一段正是被涂抹部分。尽管在1930年的版本中，堺利彦已将其补译出来，但黄思越所参考的版本应没有最后一段译文。所以，黄译本的最后一段完全是译者根据英译本译出的。通过与今译本对比可见，黄译本将“解放世界的事业”译为“此全般的解放行为”，译者以“全般”这一模糊概念代替了“解放世界”这一具体目标；“智识”这一译词源于日文，意指“知识”，此处应该表示“充分认识到”；黄译本将认知对象设定为“被压迫之无产阶级”，今译本则为“受压迫的阶级”。最为明显的区别在于，黄译本将此归纳为科学社会主义无产阶级运动之理论的“宣传之任务”，而今译本并无“宣传”二字。《发展》一书是为宣传科学社会主义而单独发行传播，但科学社会主义的任务并不仅仅在于“宣传”，而是“实践”，即让无产阶级充分认识到自己的历史使命并为之奋斗。为学术

① 《马克思恩格斯文集》第三卷，人民出版社2009年版，第566—567页。

探究而重译的黄译本，有其实践认识的局限性，这也是由“知”到“行”的必经之路。

当然，黄译本中也存在一些误译。黄译本中三次将“卢梭”错译为“罗素”，可见译者在从日文片假名翻译人名时不够严谨，仅凭发音而主观误判。在第一章第一节“法兰西革命之意义”中提到，“罗素之社会契约说，（Contrat Social of Rousseau）虽实现，仅得以有产者的民主共和制而实现”（第3页），其中“Rousseau”应为“卢梭”，而非“罗素”，显然译者被音译误导。罗素曾于1920年刚访问过中国，并对中国颇感兴趣。罗素当时在中国做了系列演讲，在新文化运动期间很受关注，无疑中国知识分子对罗素更为熟悉和认可。黄思越或许并不了解“社会契约”之说，也不知道还有“卢梭”其人，或许在他看来罗素这位伟大的哲学家足以具有如此的学识和影响力，因此在文中一再错译为“罗素”。而且，英文书名中“contrat”一词拼写有错误，应为“contract”，且书名的表达也不规范。对比日译本发现，日文中并没有此书的外文书名，这是译者自己补加的信息。此外，该译本第一章第一节原注谈及了黑格尔的《历史哲学》一书，但将其版本时间写为“八一四〇年”，应为“一八四〇年”（第3页）。这些都体现出译文尚有不完善之处，可能有排版之误，也可能译者学识有限。

尽管从语言表达及风格来看，黄译本与今译本差异很大，当时有些译名还未确立，使得有些术语概念语义不够明确，半文半白的表述也略显拗口，但该译本在当时无疑具有重要意义。通过文本对比可见，黄译本尽管译自堺利彦日译本，在译词选择及语义理解上受到日译本极大影响，但是黄思越仍然通过添加注释、调整语句等方式在译文中融入了自己的阐释解读与选择规划，为当时的国人展示了第一本译自日文的《发展》全译本，并补充大量文献信息，使其不但更易被理解接受，而且可作为学术研究资料留存研读。从这个意义上讲，黄译本或许少了几分在群众中直接宣传的考虑，但是充实了其作为学理性研究读本的理性分析，体现了当时知识分子对《发展》一书的认知水平与定位，是《发展》在中国早期译介传播历程中极具代表性的译本。

结语

《发展》黄思越译本是首个译自日文权威译本的完整中译本，该译本不但推进了《发展》一书在当时中国的译介传播，也是马克思主义在中国早期译介的重要组成部分。《发展》一书与《共产党宣言》都是马克思主义在中国早期传播中译介最多、传播最广的经典文献。《发展》黄思越译本在译介源头及内容选择方面受到日译本影响，在阐释模式及语义建构方面又呈现出译者的主体规划意识，影响了科学社会主义及唯物史观在中国的译介传播脉络，对马克思主义在中国的学术研究及实践发展均具有相当的历史意义和理论价值。

从译介源头看，黄译本译自堺利彦译本，代表了当时日本学界对《发展》一书理解与阐释的最高水平，也蕴含着日本社会主义者对马克思主义在中国译介传播的影响与导向。黄思越译本中的术语译词基本与日译本一致，印证了汉语中诸多马克思主义术语源于日文译词的传播途径[①]。黄思越还舍弃了堺利彦译本中《发展》一书的英文版序言而选择将堺利彦的“译者序”完整译出，似乎在译者看来由日译本了解《发展》一书的背景及译介历程已完全能满足国人的需求。但同时，黄思越也意识到了日译本的不足之处，即由于受到“发卖禁止之影响”，译本中有缺失涂抹之处，因此黄思越不但依据英文版补足了日译文，而且在译文中添加大量注释，这些注释既有对文中译语的评价和解释，也有补

① 参见［德］李博：《汉语中的马克思主义术语的起源与作用》，赵倩等译，中国社会科学出版社2003年版。

充扩展的相关文献信息，为尚缺乏理论基础的中国读者提供了解析版《发展》读本，也增加了该译本的学术研究价值。译者的翻译策略及阐释模式决定了译本的定位并进而影响了其接受导向，从这个意义上讲，黄思越译本对《发展》在中国的学理性探究具有重要意义。

从翻译质量看，尽管文中存在个别误译，但整体来看翻译水平较高，理解深入，表述流畅，可读性强。尤其通过译者加注可见，译者并非只从堺利彦译本译介该书，而是对马克思主义主要文献及日本社会主义者的相关著译作品都有所了解，具有较高的理论水平。受时代所限，有些译语译词还处于摸索阶段，且有些词语的意义在今天来看已发生改变，但透过这些不够专业甚至不够精准的译词，我们仍能读出译者极为认真的学术研究态度及其意在以此译本引导国人辨明马克思主义之源流的译介初衷。黄思越在译文中提到，有些语句的理解若参阅《共产党宣言》《资本论》及《经济学批判》等马克思主义文献必然会更加透彻，这在一定程度上反映出译者对《发展》一书的理解已置于马克思主义思想体系之中，这或许映射出当时中国知识分子对马克思主义的理解与接受开始出现体系化的探索与建构。

从译介影响看，虽然目前尚无法统计黄思越译本的发行数量及受众反应，但从20世纪20年代《发展》一书多个译本集中问世可见，当时中国知识分子及中国社会对《发展》一书所传载的科学社会主义思想及唯物史观很感兴趣，对人类社会发展规律的理性追索无疑使马克思主义在中国的译介传播开始逐步融入中国思想文化体系。同时，当时的中国知识分子已经历五四新文化运动的洗礼，“科学”“民主”精神深入人心，在他们看来马克思主义不仅是来自西方的新知识，而且是有望引领并重塑中华民族的新思想，深入研究、阐释和运用马克思主义无疑成为当时的迫切需要。由此看来，《发展》黄思越译本是当时马克思主义译介传播的一部分，同时也是新文化运动的重要组成部分，为推进马克思主义的学理探究与理论体系建构贡献了应有的力量。

《发展》一书的意义与影响力在某种程度上并不逊于《共产党宣言》，黄思越译本所展示的只是《发展》一书进入中国的一个片段，而正是不同阶段不同译本的片段汇集，让我们得以看到《发展》在中国的早期译介全貌。《发展》一书源于学术性著作，又以直接在群众中传播为目的。黄思越译本意在为学术研究而重译，更试图以理性引导实践，这或许正是《发展》黄思越译本的一大亮点。

参考文献

[1] 马克思恩格斯文集：第3卷［M］. 北京：人民出版社，2009.

[2]［德］因倪斯. 社会主义发展史纲［M］. 黄思越，译. 上海：泰东图书局，1928.

[3] 薛俊强. 恩格斯《社会主义从空想到科学的发展》研究读本［M］. 北京：中央编译出版社，2013.

[4] 姚颖.《反杜林论》吴亮平译本考释［J］. 马克思主义与现实，2019（1）.

[5] 高放. 世界社会主义五百年历史的观察与思考［J］. 观察与思考，2016（9）.

[6]［英］颉德. 大同学［M］.［英］李提摩太，蔡尔康，合译. 姚达兑，校注. 广州：南方日报出版社，2018.

[7] 白占群.《社会主义从空想到科学的发展》一书在中国的传播［J］. 社会主义研究，1985（6）.

[8]［德］恩格尔. 科学的社会主义［M］. 郑次川，译. 上海：上海群益书社、伊文思图书公司，1920.

[9]［德］昂格斯. 社会主义的发展［M］. 朱镜我，译. 上海：上海创造社，1925.

[10] 张勇. 泰东图书局与创造社分手之后［J］. 山东社会科学，

2005（9）.

［11］崔凤梅，毛自鹏. 论左翼文化运动对延安时期马克思主义中国化的贡献［J］. 学术探索，2014（11）.

［12］新史学：第2卷［M］. 北京：中华书局，2008.

［13］Steiner，G. After Babel［M］. Shanghai：Shanghai Foreign Language Education Press，2002.

［14］［日］堺利彦. 空想から科学へ：空想的及科学的社会主义［M］. 东京：白杨社，1927.

［15］堺利彦. 社会主义の发展——空想から科学へ［M］. 东京：白杨社，1930.

［16］中共中央马克思恩格斯列宁斯大林著作编译局马恩室. 马克思恩格斯著作在中国的传播［M］. 北京：人民出版社，1983.

［17］［德］李博. 汉语中的马克思主义术语的起源与作用［M］. 赵倩，等，译. 北京：中国社会科学出版社，2003.

原版书影印

说　明

《马克思主义经典文献传播通考》各册均附有原版书影印资料，即马克思主义经典著作中文译本。本丛书所称“译本”是指：1. 我国单行出版的马克思、恩格斯、列宁等原著，包括著作、书信选译和专题文集；2. 报纸、杂志连载马克思、恩格斯、列宁等著作的完整译文。鉴于中华人民共和国成立前，马克思主义经典著作的译本数量众多，版次与印次繁杂，本丛书所附译本均作专门说明。

本册所附《社会主义从空想到科学的发展》黄思越译本为1928年8月上海泰东图书局出版的《社会主义发展史纲》。

社會主義發展史綱

黃思越譯

上海泰東圖書局印行

1928.

社會主義發展史綱

因倪斯 著
六利彥 譯
黃思越 重譯

譯者序

關於此書之由來，爲便宜計就此書英譯本所附著者序論（一八九二年四月二十日）之一部記之如次。

『此小册子元來爲大著述之一部。一八七五年頃，柏林大學講師周仁博士（Dr. E. Dühring privatdocent at Berlin University）突然並甚囂然發表其歸依於社會主義，不僅以一種巧妙社會主義學說，更作成對於社會改造綿密實行案。貢獻於德意志公衆。當然與其先進者相衝突。就中對馬克斯（Mark）以貫注猛烈的怒氣，表示敬意。

『發生此事時，德意志社會黨二派——愛截那夏派與拉斯沙爾派(Eisenachers and Lassallians) ——適合同告成，因是不僅顯示勢力激增，更獲得可舉其勢力全部以當共同之敵之機能。德意志社會黨立時成爲一個之力。但以是爲力者，以新獲得之一致團結，不受危害爲第一要件。然周仁博士則公然於其自己周圍，作始將來可成別個社會黨中心之一派。是則吾儕有不拘其應否如何，拾取其投下於吾儕之手袋，（英譯本原文爲 to take up the gauntlet thrown down to us 意謂應其挑戰）而與之決勝負之必要也。

『此事雖非大難，然確十分煩冗。吾儕德意志人有甚強之根性（Gründlichkeit）爲人所深知呼之爲極端深遠性（radical Profundity），抑呼之爲深遠極端性（Profound radicality）是任諸君自由。顧我德意志人在宣明其信爲新學說時，無論誰何，不可不先苦心作成一切包括的大體系。即不可不證明論理學第一原理，與宇宙根本法則二者由永劫之昔時已經存在，而究極不外到達此新被發見之絕頂的大學理。周仁博士於此點確示國民的特徵。即彼之著述，有精神，道德，自然，及歷史全備之「哲學體系」。有全備之「經濟學及社會主義」學說。最後又有「經濟學之批判歷史」。於其外形內容，成爲重累「奧陀慕」(octavo)型三大册，恰爲論戰上三軍團，以動員形勢，對抗從來一切哲學者及經濟學者，尤特別對抗馬克斯。實際爲一完全的「科學革命」之企圖。凡如斯者，予以之爲對手。卽予由時間空間之概念以至金銀兩本位之制度，由物質之永刼性以至道德觀念之可死性，由達爾文(Darwin) 之自然淘汰以至將來社會之幼年者教育，一切及各個可能的題目，不可不處理之。而因此論敵之學理的包括性，對此種種雜多題目，馬克斯與予之見解，在此論戰，比於從來所發表者，更有聯絡形式，與予以發展機會。予之着手於此在他方面爲不愉快事之主理由，卽在此也。

「予之答辯，最初爲連續論文，載於社會黨主要機關報來布只（Leipzig） 之「慕爾維托」（"Vorwärts"） 後又以「奥言周仁氏科學革命」（"Herrn Eugen Dühring's Umwälzung der Wissenschaft"） 之單行本而發行。

『予應友人現爲法蘭西代議院里由（Lille）選出之議員保羅，拉華爾魏(Paul Lafargue) 之求，取右著書中三章成小册子，彼譯爲法蘭西語，一八八〇年以「空想的社會主義與科學的社會主義」（"Socialisme utopique et Socialisme Scientifique"）之表題而出版。由此法蘭西本作成波蘭版與西班牙版。一八八三年予之德意志友人以原文出版小册子其後，以德意志本爲基礎，出版意大利譯，俄羅斯譯，丹麥譯，荷蘭譯，羅馬尼亞譯等。是此小册子合此英吉利譯以十國語言流行。其他社會主義書，卽「共產黨宣言」（"Communist Manifesto"）「資本論」（Mark's "Capital"）若是多方翻譯者，尙未前聞。在德意志已重版四次，合計約出二萬部矣。

關於用語說明，同序論中有次之一節，因爲便宜計採錄之。

『此書中經濟的用語，限於新語外，與馬克斯資本論英吉利譯之用語相一致。物品不僅爲供生產者使用，並以交換爲其目的，卽非爲使用價値而爲商品而生產之經濟相，（economic phase）吾儕稱爲「商品之生產」（"production of commodities"）此經濟相由爲交換而生產之初發伸延以迄今日。然僅在資本家的生產下，——卽僅在爲生產機關所有者之資本家，以工資雇傭勞働力以外，一切生產機關被奪之人羣，即勞働者，而於生產物賣價中竊取其超過出費之部份之狀態下，——遂其充分發達。吾儕區別中世以後工業的生產歷史爲三時代。（一）手工業時代。(handicraft) 小規模之領袖職人使用數人之下職人與徒弟各勞働者全部的生產的物品。（二）手工的製造業 (manufacture) 時代（譯註。或稱工場的。手工業時代。）多數職工集於大規模工場，依分業而生產的物品，各職工只爲部份的作業，生產物順次經勞働者全部之手，始完成商品。（三）近代的產業 (modern industry) 時代，生產物依於以動力運轉之機械而生產。因是勞働者所事者，限於監督矯正機械力之作業而已。

此書之日本譯，明治三十九年七月，揭載於予所出版之「社會主義研究」雜誌。譯者爲予，所作成者乃甚拙陋之物。其後予於大正七年，於同爲予所出版之「新社會」雜誌三月號與四月號，發表加訂正於前譯之新譯。其後更施訂正，並加序論，以單行本發行。初於大正十年，由大鐙閣。次於大正十三年，由白揚社。

以前予之譯文，均由英吉利譯本重譯，此次乃由德意志原文直接譯出。即此新版是也。

但「序論」除前記二節外．以「史的唯物論評」表題，別成小册子，於此書省略之。

本文各章標題，及各章內小標題，爲原文所無。章內分段，亦與原文有多少差異。註之爲著者自身所附者，記以「原註」。其他有取材於德意志本者，有爲譯者所思維而加入者。

前之單行本因檢閱而被塗抹部份，在此新版依舊削去，蓋甚遺憾而無可如何者也。

譯者，堺　利彥。

昭和二年八月，

目次

目次

第一章　空想的社會主義

一　法蘭西革命之意義

近世社會主義，先云其實質，則在一面，爲行於今日社會有產者與無產者，資本家與工資勞働者階級對立之認識，在他面，爲行於生產界無政府狀態之認識，而生之產物。若云其理論的形式，則近世社會主義，爲元來十八世紀法蘭西諸大家所主張諸學說，以更前進，而在外觀上更徹底之繼續說而出現。是則近世社會主義，無論如何深置其根本於物質的經濟的之事實上，同於凡百新學說，不可不先與現存思想材料相聯絡。

在法蘭西，就將來革命啓發人心諸大人物，皆自立於極端的革命家地位。所有外來權威，無論屬於如何種類，彼等概不認識之。宗教，宇宙觀，社會國家制度，一切事物，毫不假借，加以批判。一切事物，應於道理裁判席前，立證自己存在理由，否則不可不斷念於其存在。理智爲對於一切事物唯一尺度。有如黑假爾(Hegel)所云，世界成爲立於其頭之時代。(註一)其意味，先謂要求以人類之頭與由其頭思惟而生之原則，爲所有人世行爲與結合之基礎。顧此意味以後逐漸擴大，並謂與右原則相矛盾之現實，不可不反正其上下。所有從來社會形體及國家形體。所有傳來舊思想，悉爲不合理者，投棄之於塵甕。世界從來只依偏見而導來。過去一切事物，只値憐憫與侮蔑。今也，日之光，道理之王國，初次出現。迷信，不義，特權，壓迫，自今以後全行廢滅，代以永刼之眞理，永刼之正義，基於自然之平等，及人類不可相離之權利。

(註一)對於法蘭西革命黑假爾評語如次。『正義之思想，正義之觀念，忽占勢力，不正義之舊立足地，對此絲毫不能抵抗。在此正義觀上，設立一種憲法，今後一切事物，不可不立於其基礎上，自太陽懸於天空，諸遊星循其軌道以來，人世未曾以頭而立，即以思想而立，因是從此作成現實之談，未曾聞及。在昔阿奈截俄拉斯，(Anaxagoras) 始云道理，理性，支配世界。然人世至今日始承認不可不以思想支配精神界之現實。此實燦然如日之出。凡百有思索之生存物，共祝此日。莊嚴情緒，風靡當代。人心熱情，瀰滿世界。是惟今日格玆神意與世界之調和乎。』(黑倪爾歷史哲學八一四〇年，五三五頁)——對於已故黑倪爾教授如斯危險而破壞之學說，今也豈非可用社會主義鎮壓法 (Anti-Socialist law) 之絕好時期者乎。(原註)

吾儕已知之。此道理之王國，不外有產階級 (Bourgcoisie) 理想化之王國。(註一)此永刧之正義，爲有產者的正義而實現。此平等歸着於法律前之有產者的平等。而有產者的所有權，爲最根本的人權之一而宣言，因是道理之政府，羅素之社會契約說，(Contrat Social of Rousseau) 雖實現，僅得以有產者的民主共和制而實現。斯十八世紀之大思想家等，所以同於其凡百先進者，不能由各個時代而超越其所負荷之制限也。

(註一)有產階級之王國云者，指現在資本制度之社會。

二 近世無產階級之先驅

當時，與封建貴族及自任爲其外一般社會代表者之商工市民，(註一)之對立相並立，別有搾取者與被搾取者富裕而遊惰者與貧困而勞働者之一般的對立。因有此種事情。有產階級代表者得自標榜爲不僅代表特殊一階級，而爲代表困於疾苦之人世全體。然有產階級於其起原，既負有自身之對立物，資本家無工資勞働者，則不能存立。中世同業組合(註二)之商工市民發達，成爲近世有產者，(Bourgcois) 以其同一比例，其組合之弟子職人，與組合外之日傭勞働者，亦發達成爲無產階級 (Proletariat) (近世的勞働者。) 在大體上，有產階級與貴族戰，爲自己而戰，同時亦得謂爲代表其時代諸種勞働階級之利益，凡百有產者大運動，無論何時，必爲近世無產階級之先驅，伴以大大小小逐其發達其階級之獨立的爆發。例如德意志宗教改革與農民戰爭時之再洗禮(註三)派 (Anabaptists) 及多馬斯文濟，（Thomas Münzer）英吉利大革命之平均黨，（註四）法蘭西大革命之巴務夫（註五）（Babœuf）是也。

（註一）商工市民，卽有產者，以有產者爲一階級而觀察時，是爲有產階級。

（註二）在封建制度下之商工業者，組織稱爲「準夫托」（Zunft）（或「基爾督」（Guild）或「座」）之特種同業組合。然發達爲近世有產者（卽資本家）者，多爲彼等中大商人。小手工業之職人，大抵滅亡。

（註三）再洗禮派爲基督新教之一派，其豫言者文濟反抗路德（Luther）宗教改革不徹底，以原始基督教之共產主義爲理想，而起農民運動。

（註四）平均黨爲一七四〇年在愛爾蘭蜂起之農民黎迷拉斯。（Levellers）

（註五）巴務夫爲唱道絕對平等之共產主義，一七九七年上斷頭臺（Guillotiue）之人。

三 三大空想家之出現

對於未發達階級之革命的勃起，有與之相應之理論的發表。即在十六七世紀，有理想的社會狀態之空想的描寫，(註一)在十八世紀，有直接之共產主義學說（摩黎利與馬務利。(註二) (Morelly and Mably) 平等之要求，不仍限於政治上權利，擴大及於個人之社會的地位。應廢滅者不僅爲階級的特權，而爲階級差別其物。因是禁慾的否認一切人生快樂之斯巴爾丹 (Spartan) 流共產主義，爲此新學說最初之發現形態。(註三)

(註一)指有名的摩弖 (Mocre) 之『理想鄉』，(Utopia) 及干巴禮拉之『太陽之都』等而言。

(註二)摩黎利及馬務利事跡，不甚流傳，俱爲十八世紀有名著述家，特後者爲予影響於巴務夫之人。

(註三)當時生產力程度尚低，欲使凡百人類生活餘裕，視爲不可能，自然，有禁慾的之主張。

次之，有三大空想家出現。聖西門（取此人者，爲有產者運動，與無產者運動相並立，猶有幾分意義。(註四)蒲利爾。及歐文（此人在資本的生產最發達之國，立於由此所生之反目對立影響下，與法蘭西惟物論，有直接關係，使階級差別廢止之提倡，以組織的發展。(註五)

(註四)(註五)其意味讀後第六節『聖西門』及第八節『歐文』，自然明白。

此三人有一共通點。彼等，俱非當時歷史的產出之勞働階級利益代表者。彼等與啓蒙學者相同，不欲先解放特殊一階級，欲一舉而救全人類。彼等又同欲實現道理之王國與永刧之正義。但彼等之王國，與啓蒙學者所謂者相比較，有天淵之別。彼等以立於啓蒙學者學理上之有產階級社會，亦爲全不合理，不正義之物。與封建制度及一切前代社會制度相同，應立時投棄之於塵糞。至於今，純理，正義，不行於世界者，以此二者，尚未正確被認識之故。從來所不足者爲有天才之個人，今正出現且認識眞理矣。但天才出現於今日，與今日眞理之正確被認識，非起於歷史的發展之連鎖，爲當然而不可免者，蓋僅爲純粹的一個幸運而已。故彼儻生於五百年前，由此人類而救迷妄鬭爭苦悶之五百年，亦非全不可有之事也。

四 革命後新社會之失望

吾儕對於爲革命先驅者十八世紀法蘭西哲學者輩，察其如何以道理爲一切萬事審判者，而訴之乎。合理的國家，合理的社會，應行建設，其與永劫道理相矛盾之一切事物，不容假借，應加排除。然吾儕又見此永劫道理，於其實現，不過爲理想化於當時逐漸發達，成爲有產階級中流市民之心理者。故在法蘭西革命實現此合理的社會，合理的國家的時，比諸此新制度以前之社會狀態，當然較爲合理，是無容疑，然決非絕對的合理的者也。

合理的國家全崩壞矣。羅素之社會契約說，實現於恐怖時代(Reign of Terror) 中。自已政治的能力失信賴之有產階級，先逃於執政官(Directorate.)腐敗政治之中，繼隱於拿波崙 (Napoleon) 專制政治保護之下。被期待之永劫平和轉化爲無際限之征服戰爭。合理的社會，不見差強人意之事。貧富之對立，不僅不能消滅於社會一般的繁榮中，反因爲此兩者過渡之「基爾督」，與其他特許制度之廢止，並因緩和兩者之教會慈善事業之廢止，更見激化。『財產所有之自由』(Freedom of property) 固免封建制度之桎梏而正確實現，然在小市民及小農民，被擊破於大資本家及大地主之壓迫的競爭下，僅爲賣與其小財產於大人先生輩之自由而已，從而在小市民及小農民爲『與財產分離之自由』("Freedom from property")是故立於資本家的基礎上之產業繁榮，以勞働大衆之貧困與悲慘，爲社會存立之條件。加黎利 (Carlyle) 有云，漸漸以現金計算爲連結社會唯一之鎖之環。犯罪之數與年份增。以前白晝公然所行之封建罪惡，未及絕滅，輸置後方，爲其代者，爲從來行於秘密中之有產者罪惡。以蕃盛之勢，遂其暢茂。商業漸漸成爲劇烈的詐術。革命的口號之『博愛』，在競爭戰場，爲奸策與嫉妒而實現。暴力的壓迫去，而不義惡德爲之代，社會的勢力第一位之劍隱，而黃金爲之代。初夜之權，（註一）由封建領主移於有產階級之製造家。賣淫示前代未曾聞之增加率。婚姻其物，同於從來，以公認合法的形式，存續賣淫之正式的外裝，更以豐富之姦通補足之。

（註一）中世領主，領內農奴結婚時，有試其『初夜』之權利。其起原，太古初行一夫一婦制時，婦人爲一男子私有以前，有先於代表全社會之酋長，神官前，以謝罪的，或初穗（供新穀於神之謂）的意味，薦其初夜之習慣，後世實際的意義，僅爲明示領主有絕對支配權之一儀式。

要之，由『道理之勝利』（"Triumph of reason"）所生社會上及政治上諸利益，比之啓蒙學者輩燦爛的期待與盟約，恰爲苦悶失望之諷刺畫。此時凡百期望者，成爲明言此失望之人物。共世紀之回轉而出現在一八〇二年，有聖西門『賚禮巴書簡』（"Geneva letters"）在一八〇八年，有蒲利爾第一著述，（但爲彼學說基礎者係在一七九九年）在一八〇〇年一月一日，羅伯歐文着手於新拉奈克（New Lanark）工場之經營。

五　未熟的事實與未熟的思想

當時，資本的生產方法，及與之相伴有產階級與無產階級之對立，尚頗發達不全。大工業，此時初起於英吉利，在法蘭西尚未有所聞。但此大工業，在一方發展其生產方法之變革，與其資本家的性質之除去爲絕對必要之矛盾，——不僅由此大工業所生階級與階級間之矛盾，並由此作出之生產力與交換形式之矛盾——又在一方此大工業於其巨大的生產力中發展可正確解決其矛盾之手段方法。若以一八〇〇年前後爲由此新社會制度所生矛盾最初發現之時，則解決其矛盾之手段方法，更可謂爲同樣。巴黎無產大衆在恐怖時代間，一時掌握支配權，因是反於有產階級意思，竟導有產者革命於勝利，而彼等因是欲維持彼等支配權，在當時狀態下，無論如何，立證其不可能。無產階級此時始由無產大衆間分離，成爲新階級之幹，然彼等尙在全缺獨立政治運動能力，而苦闘於壓迫下之人民地位，缺於自助能力，無論如何，舍由外部或上方，與以助力外，無他道也。

此歷史的情勢，又影響於社會主義創設者。即未熟的資本生產，與未熟的階級相應，而生未熟的學說。社會問題解决法，當時雖尙潛伏於未發達的經濟關係中，然彼等欲由頭腦中作出之。社會僅現出惡事。去惡乃道理心之任務。故發明完全的新社會制度，依於宣傳方法，有可能時，且依於模範的實例，由外部而課之於社會，有其必要。然其新社會制度，元來不外空想，其細自愈完備，則愈陷於純有的理想，蓋有不可得而免者焉。

此事已成確定，吾儕毫無議論此既完全屬於過去方面問題之必要。吾儕委之於世間羣小文士，對此不過可使吾儕微笑之幻想，一任彼等喋喋之論評，並比之於『狂的思想，』置彼等自誇其透徹的思案之優越於不顧可耳。其在吾儕，毋甯欣慰於破此幻想之殼，到處迸出，而爲俗物者流全不認得之此獨創的大思想與其萌芽也。

六　聖西門（Saint Simon）

聖西門者，法蘭西大革命之子，大革命爆發時，尙未滿三十歲。此大革命，對於傳至當時握有特權之怠惰階級（卽貴族與僧侶），第三階級（卽勞働於生產無商業之國民大羣）獲得勝利。然此第三階級之勝利，實爲其階級中一小部份之獨占的勝利，爲其階級中有特權的社會層（卽有產階級）之政權獲得，不久已見暴露。實際，有產階級，在革命進行中，以當貴族僧侶所沒收之土地旋賣出於民間之投機事業。又以依軍事承攬對國民所行之詐欺手段，遂其急激的發達。因此詐欺漢等之支配，於執政官時代，幾使法蘭西與革命瀕於滅亡，從而又與拿波崙以獨裁政治（Coup—d'état）之口實。

在聖西門頭腦中，視第三階級與特權階級之對立，爲勞働者與怠惰者對立之形。其所謂怠惰者者，不僅爲昔之特權者，亦謂凡百不參加於生產與商業，而僅以利息生活者，又其所謂勞働者者，不僅謂工資勞働者，亦謂製造業者商人，銀行家等。此等怠惰者，失其爲智力的指導者，政治的支配者之資格，早已明白，而依於革命與以最終決定。又無產者亦爲不有其資格者，依於恐怖時代之經濟，已被證明，亦爲聖西門所見到。然則伊誰可爲指導，支配者乎。依聖西門之說，科學與產業二者，依於新宗教之紐而相結合，回復宗教改革以後，久已破壞之宗教思想之統一，是爲必然之神秘的，嚴密之宗教政治的之『新基督教』其所謂科學云者，其意味爲學者，其所謂產業云者，其意味爲活動的有產者，製造業者商人銀行家等。此有產者，變形爲一種官公吏，一種社會的信任者，因而仍與勞働者對立，有命令權，且在經濟上亦居於有特權地位。特如銀行家，依於信用之調節，當管理社會的生產全體之任務。——此思案精密的適合於法蘭西當時狀態，即大產業，及有產階級與無產階級之對立，初發生之狀態。然聖西門特置重於後之一事。即彼到處，先於任何事物能引其心者，最多數而最貧困之階級（"La clase la plus nombreuse et la plus pauvre"）之運命是也。

聖西門於其最初著述『質禮巴書簡』，倡言『凡百人類，悉應勞働。』彼又於同書中，認恐怖時代無產大衆之支配。彼向無產大衆，有『見之哉，諸君之同志支配法蘭西時，於其處生何事乎。彼等非齎饑饉以俱來乎』之語。彼認法蘭西革命爲階級戰爭，並認爲非僅貴族與有產階級間而爲貴族，有產階級，無產階級間之階級戰爭，在一八〇二年當時，可謂最天才的發見。在一八一六年，彼解釋政治爲生產之科學，豫言政治可全吸收於經濟中。以經濟事情爲政治組織基礎之思想，在當時爲僅見之萌芽，而對於人之政治的支配，變爲對於物之管理，及生產過程之經營之思想，推而及於近來議論甚囂塵上『國家廢滅』之思想，蓋旣於當時明白表示之矣。

彼於一八一四年，聯合軍侵入巴黎之直後，更於一八一五年，「百日戰爭」（Hundred

Days' War）間提倡爲歐羅巴繁榮及平和唯一保證之法蘭西與英吉利同盟，及其次此二國與德意志同盟亦同時代人類以卓越。在一八一五年當時，對於法蘭西人說以與滑鐵盧（Waterloo）戰勝者英吉利同盟實要有多大之歷史的先見，與多大之勇氣者也。

七　蒲利爾（Fourier）

吾儕於聖西門發見其於博大之天才的眼界中，含有不僅爲嚴密之經濟的，而殆爲後世社會主義者等所唱道凡百思想之萌芽。於蒲利爾，又發見其有純法蘭西式之奇拔，而能不失其深酷味之社會現狀批評。蒲利爾對於有產階級對於革命前熱狂的有產階級豫言者，與革命後偏頗的頌德者，俱執其矛而攻其盾。彼於有產者世界物質的及道德的醜態，毫不假借，與以指摘。彼舉前代啓蒙學者輩燦爛的期待，——純循道理而行之社會，幸福充溢宇宙之文明，人世無限完成等之期待，更舉與彼同時代有產者思想家輩之美辭麗句，並再舉示此最豔麗之言辭，如何到處與最哀慘之現實相對應乎，是能以劇烈諷刺，痛罵此不可救藥之文飾的大失敗者。

蒲利爾不僅爲批評家。彼之無時不冷靜的性質，使彼成爲諷刺家，且爲通古今最大諷刺家之一人。彼以有力有色之筆，致描寫其革命之沒落而繁榮之詐欺的投機，及當時法蘭西商業界到處流行之市儈氣質。較此更有可觀者，爲彼對於兩性關係之有產者形態，及在有產者社會之婦人地位之批評。在一社會婦人解放之程度，即其一般的解放之自然的尺度，實最初由彼所唱道者也。

然蒲利爾最大成績，爲彼關於社會歷史之解釋。彼區分迄於今日之社會全過程，爲四發達階級，即蒙昧時代，野蠻時代，家長時代，文明時代。其最後者，相當於今日所謂有產者社會，即十六世紀以來所行之社會制度。彼論證『文明社會爲由野蠻時代單純的所行各種惡德，所作成複雜的，曖昧的，意義不明的，僞善的之存在體。』文明以『惡循環』（註一）以矛盾，而進行，不絕的作出新矛盾，無從索解，結果無論何時，自己所欲到達者，或佯示熱望者，適到達於正反對。例如『在文明之下由豐饒過多間發生貧困』。

（註一）德意志原語 Fehlerhaft Kreislanf 同於 Zirkelschluss。在英吉利語為 Vicious Circle 論理學上之『循環論法』或『循環論證之誤謬』

蒲利爾同於其同時代之黑倪爾，最巧妙於使用辯證法。彼用同辯證法，反對人世無限向上之世論，而論凡百歷史的階段，有其向下期，並有其向上期，且適用其思案於全人類之將來。彼同於康德（Kant）之以地球究極的破滅思想，入於自然科學中，而以人類究極的破滅思想，入於歷史觀中。

八　羅伯歐文（Robert Owen）

在法蘭西，革命暴風吹遍全土時，在英吉利，亦行較平靜而為力並不稍弱之變革。蒸汽之新機械，變化手工的製造業（註一）爲近世的大工業，因而革新有產者社會全地盤。手工的製造業遲遲發達之步驟，化爲猛烈的生產界暴風雨時代。社會以不斷增大之急速力，分裂爲大資本家與無產勞働者。在其中間，昔時安固的中流階級代以今日全國民中最易動搖部份不安固的職工與小商人之大羣，繼續其不確實的存在。

（註一）原語「孟紐壁驟爾」（Manufacture.）普通譯爲製造，含有手工的製造，與機械的製造，但元來爲機械的製造以前手工的製造之意味，「孟紐」即手之意。然究與中世純粹手工業之爲個人的者相反，「孟紐壁驟爾」者，多數職工在大規模工場，依分業的而勞働者，爲區別其意味，有時譯爲「工場的手工業」。參照此書「序」中著者「經濟的用語說明」

此新生產方法，尙屬於其發育之最初期，在當時狀態下，爲唯一可能正規正常之生產方法。顧當時既生急迫之社會的害惡，即在大都市貧民窟放浪者之羣集。一切風俗習慣拘束力上下主從關係，家族關係之弛緩。勞働過度特在婦人小兒爲尤甚。勞働階級。由田舍向都會，由農業向工業，由安固生活向日日變化不安固之生活，結局爲急激投入於全新事情結果之一般的墮落。

當時有二十九歲青年製造家，爲社會改良家而出現。其人有高尚天眞純粹的性質，同時並有爲人世指導者稀有之天禀即羅伯歐文是也。彼取唯物論哲學信人類性格，在一方，爲遺傳產物，在他方爲在其生存中，特別在其發育期之境遇產物。(註二)

(註二)馬克斯『蒲憶巴(Feuerbach)論綱』(因倪斯(Engels)所著『蒲憶巴論』之附錄)第三項，可爲此之參照。『人爲境遇與教育之產物，以已受變化之人爲別境遇與異教育產物之唯物論，忘却其境遇不可不受變化於人，及其教育者自身不可不受教育。因而此唯物論，必然的分社會爲二部份，使其中一方，超越於社會上。(例如羅伯歐文。)境遇之變化與人之活動，即自己變化之一致，僅爲革命的實踐，此吾儕有把握，且合理的得以理解者也。』

右大部依佐野文夫氏譯文。但末一節，依惹查諾由馬克斯手記所見原文，因倪斯就其原文少加訂正而發表者。

彼之同階級者，大抵皆於此產業革命中，僅見紛亂與混沌，冀於其間，乘危行劫，立發大財。彼獨實行其得意之理論，於混沌中建設秩序。初在孟哲斯德（Manchester）使用五百人勞働者之某工場爲經理人，已試驗得有良好成績，更於一八〇〇年至一八二九年間，在蘇格蘭新拉奈克，爲兩合公司業務執行股東，經營大紡績工場，用同樣方法，較前更得大活動之自由，遂以其成功博聲譽於全歐羅巴。元來，彼之勞働者，由種種複雜分子組成，且其大部份爲甚墮落者，漸次增加至二千五百人之多數，彼化之爲一模範的殖民地，泥醉者，警察官，裁判官，訴訟事件，救貧法，慈善事業，悉絕跡於其間。凡此皆爲置人於人的生活，而特注意於教育發育中兒童之結果。彼爲幼稚園元祖，初開設之於新拉奈克。二歲以上小兒之來園者，悉殆厭於歸家，而樂遊於園。彼之競爭者等一日勞働其職工十三，四時間，而在新拉奈克，僅爲十時間半之勞働。棉花貿易起恐慌，四個月間休業時，彼之勞働者，於其全期間均受工資全額。而公司於其價値尙在二倍以上，最後且分配大利益於各股東。

歐文尙未爲滿足。彼以爲其勞働者所作出之生活，在彼眼中尙非人的生活。『彼等我之奴隸而已。』彼所與彼等比較的良好之生活狀態，尙不能使彼等性格智力，以全面的合理的發達，況尤不能使各人之才能自由發揮。『然此二千五百人份之勞働，在未及半世紀前，要使用六十萬人，是日爲社會產出巨大現實之富。余因自問，二千五百人所消費之富，與六十萬人應消費之富之差，爲何者乎。』（註三）其答案至爲明白。其差卽爲對於公司已繳資本之五釐利息，更於其外，爲三十萬鎊以上之純益，分配於股東等。在新拉奈克之此種事實，在英吉利凡百工場，其程度更甚。『若無此依機械所產出之新財富，則反抗拿波崙，擁護貴族主義之歐羅巴戰爭，到底不能維持。而此新力乃勞働階級之創作。』（註四）此新力所生之果實當然屬於勞働階級。但此新的強大生產力，從來只富個人而奴民衆，依歐文見解，應以之爲社會新的建設之基礎。即此生產力實人類共有財產，應爲人類共同福利而運用之。

（註三）（註四）摘錄『心與行之革命』（"The Revolution in mind and Practice"）此爲致於「歐羅巴赤色共和主義者，共產主義者，社會主義者」全部之覺書，一八四八年，並致於法蘭西臨時政府，及英吉利維多利亞女王（QueenV ictoria）與其責任顧問等。（原註）

歐文之共產主義，純然立於事務的基礎上，可謂爲商案的計算之結果，始終以實際的特質一貫之。彼在一八二三年，提議以共產殖民地爲愛爾蘭困窮救濟策時，編成建築費每年支出及收入概算等完全預算案。其對於將來之明確的設計，依專門的智識，作成細目的枝術的考案，由平面圖以至前面圖，側面圖，鳥瞰圖。此歐文式社會改良案一度採用後，由實際的見地考察之，其細目個條可反對者，殆可云無。

歐文傾向共產主義時，爲彼生涯之回旋點。彼當爲博愛家時，獲得財富，稱贊，名聲，榮譽。在歐羅巴爲最負重望人物。不僅與彼同階級之人，即政治家王侯，悉傾聽彼之言論而表示贊意。迨彼榜標共產主義，形勢忽全變化。依彼所觀察，最阻塞社會改良途徑之三大障礙，爲私有財產，宗教，現行婚姻制度。彼明知攻擊此等事物時，其所遭遇者，爲社會之絕交，全社會的地位之喪失。然彼不稍停頓，仍繼續其不客氣的攻擊，預期之事，因之而起。即爲社會所驅逐，爲輿論所排擊，而在亞美利加共產的實驗之失敗，且犧牲其全財產，彼遂直接向於勞働階級，其後三十年活動於彼等間。在英吉利爲勞働者利益之凡百社會運動凡百實質的進步，無一不與歐文之名相連結。彼奮鬥五年間後，一八一九年，制定工場中制限婦人小兒勞働之最初法律。彼於英吉利凡百勞働組合成爲大同盟時，爲最初大會之議長。彼考求爲完全共產主義的社會制度之過渡方策，在一方創設共同組合（消費組合及生產組合。）自是以後，此種事業至少可爲商人與製造家無用論之實際的證據。在他方彼創設勞働賣店，依於以勞働時間爲單位之勞働紙幣，講究勞働產物交換方法。此種事業，固有必然的失敗之運命，然後來之布爾頓交換銀行，（Proudhon's bank of espchange.）此時已先預見。其與之完全相異者，不以之爲凡百社會的害惡之萬能藥，僅爲實行根本的社會改革之第一步而已。

九　折衷的社會主義混成酒

此等空想家所思維者，長久支配其後十九世紀社會主義思想，迄今尙支配其一部。最近法蘭西及英吉利社會主義者，皆奉戴之。初期德意志共產主義（包含哇托仁派）（Weitling.）亦屬於此。彼等主張社會主義，爲絕對眞理，道理，與正義之表現發見，而後其自身之力，足以征服全世界。絕對眞理離時間，空間，及人世歷史的發展而獨立，其在何處何時發見，全屬偶然。此絕對眞理，道理，與正義，依於各派創立者而各有異。此各種各樣之絕對眞理，道理，與正義，既依其人之主觀的判斷，生活狀態，學識及智力訓練之程度而設定，故此絕對眞理之衝突，除互相排斥外，更無解決之道。因是由其衝突，乃生一種折衷的平均的社會主義，實際上至今日尚支配法蘭西及英吉利大部份社會主義勞働者之頭。此社會主義，爲由各派創立者最少受反對之現代批評，經濟論，及未來社會描寫所成，極其多種多樣之諸學說混成酒，爲各組成分子，有若川流中之小石，摩擦於論戰之流，失其固有圭角，而容易混合之混成物。

故欲使社會主義成爲科學，要先置之於眞實的基礎之上。

第二章　馬克斯二大發見

一　辯證法與形而上學

當時，與十八世紀法蘭西哲學相並立，且爲其繼續之德意志新哲學，一時勃興，至黑倪爾，達其頂點。黑倪爾哲學最大功績，在以辯證法（Dialektik）爲推理最高形式，而再行採用。希臘古哲學者，皆天賦辯證家，就中亞里斯多德，（Aristotle.）有最該博智識，在當時已考究辯證法思維最根本的諸形式。其後新哲學者，雖不無辯證法之顯著的代表者（例如德加爾托（Descartes.）及斯榜諾査）（Spinoza.）特深受英吉利之影響，漸漸固着於所謂形而上學（Metaphysics.）的思案，從而十八世紀之法蘭西人，最少亦於其哲學的著述，殆全在此勢力下。

但在狹義的哲學範圍外，法蘭西人猶産出辯證法名著。里德羅『分家之子孫』（Diderot's “Le Neveu de Rameau”.) 及羅素『人世不平等起原論』(Rousseu's “Discours sur l'origiue et les fondements de l'inégalité parmi les hommes”.) 足資想憶。吾儕今玆且簡單說明此二種思索法之本質。

二 形而上學的思案

吾儕對於一般自然，對於人世歷史，對於自己之智的活動，加以考察時，吾儕見此諸種關係與諸種相互作用無限混亂之畫面(Picture.)無論何物，不保同形，不止同處，不存同質，常運動，變化，出現，消滅。吾儕先見此畫面全體，而暫置其各個部份於後方。吾儕與其見運動，推移，相關諸事物，毋寧見其運動，推移，與關係。此原始素樸，而實際正確之世界觀，即古代希臘之世界觀，爲黑拉苦里也斯(Heroclitus,)所最初明白論述者。其言曰，萬物在而不在。何則，萬物爲流動的，常變化，常生滅。

此世界觀，雖足以正確表示現象之畫面全體之全般的性質，然不足以說明其組成畫面全體之細目。在未能說明其細目前，吾儕對於畫面全體，猶不能得有明確觀念。欲理解此細目，吾儕不可不由其自然的或歷史的關係，分離事物而就其性情，及特殊原因結果等加以個別的考察。是爲自然科學與歷史研究之任務。是等諸科學，在古代希臘，較諸其他應先蒐集研究材料，故其地位，當然甚低。無論爲何等批判，比較或爲種別，等級，部門之排列以前，不可不蒐集一定程度之自然的及歷史的材料。故確實的自然研究之基礎，先由於亞歷山德時代之希臘人，（Greeks of the Alexandrian periob.）後依於中世時代之阿剌伯人（Arabs.）而作出。眞正之自然科學，始於十五世紀後半期，其後，以不斷增加之速力而進步。分解「自然」爲個別部份，類集種種自然過程與自然物爲明確種別，解剖的研究生物體內部種種形態，乃最近四百年間吾儕自然智識大進步之根本條件。此研究法乃其遺產，遺留於吾儕以由其全部一切關係，分離自然物及自然過程，而個別的加以觀察之習慣。卽觀察自然，不於其運動而於其靜止，不於其根本的變化而於其常住不變，不於其生而於其死。而此觀察法，依於倍根（Bacon.）及羅克（Locke.）由自然科學移於哲學時，是生前世紀（十八世紀）特殊之偏狹的形而上學的思案。

形而上學者所主張事物，與爲其思想之描寫的觀念相隔離，而個別加以考慮者，爲一定不變，不可動之研究目的物。彼思索其絕對不相容之兩極端。彼之言辭只爲『是是，否否』『過乎此者出乎惡』。（註一）彼所主張者，一事存在之反面，則爲不存在。一物，同時不能爲一物又爲他物。積極與消極，絕對的相排斥，原因與結果，嚴厲的相對立。

（註一）「新約聖書」馬太傳第五章三七節，『爾曹僅云是是，否否，過乎此者出乎惡。』

初見此思案時，吾儕覺甚明白。是即所謂健全常識。僅爲健全常識，故爲家庭領域內至可尊敬之先生，而一旦浮於學問研究大海時，立遭驚濤駭浪。故形而上學的思案，從其研究題目之性質，於相當範圍內可加是認，且屬必要。一旦達於其制限點而外出時，立成偏見，短見，空想，陷於不可解之矛盾。即思索個別事物，而忘其相互關係，思索事物之存在，而忘其成長與消滅，思索其靜止，而忘其運動，畢覺見木而不見林也。

三 辯證法的思案

在日常實務，吾儕能知一動物之生或否，且能明白言之，然稍嚴密研究，如法律學者等所深知者，有時成爲極複雜問題。就殺害在母胎內之胎兒，如何方可謂爲殺人，法律家徒費腦力，究不能發見一合理的界限。與此相同者，爲絕對定死之瞬間，亦爲不可能之事。依生理學，死非瞬間的，即時的現象，而爲有頗延長之過程者。

是故凡百生物體，時時刻刻爲同一物，又爲非同一物。生物體時時刻刻同化由外部供給之物質，而分離他物質。時時刻刻，其體內一部之細胞死，而他細胞新生。因是遲早之間，其體內物質，悉依於他物質分子之補充，而煥然一新。故各生物體，常爲同一之物，又爲相異之物。

更進而加嚴密研究，對立物之兩端（例如積極消極）雖相反而同時不可相離，不拘其所有排斥力如何彼此互相交錯。與此相同者，爲原因結果，僅適用於個別事物時爲正當，若就其與宇宙全體一切關係加以考察時，卽此二者互相混雜，而深察其普遍之相互作用，原因與結果，爲間斷時相瓜代，此時於此爲結果者，立時於彼爲原因，而更現其逆態。

如斯思維之過程與方式，未曾入於形而上學推理之門。反之，辯證法，則本質的理解事物與其觀念的描寫於兩者間之關係，連鎖，運動，起原，及終結。故上述自然界諸過程，皆爲確證辯證法自身之行動方法者。自然界爲辯證法之證明。而近世科學，供給此證明以極豐富而日日增加之材料，因是結局立證「自然」非以形而上學的，乃以辯證法的工作者。卽自然非爲同一循環運動，而爲作成現實歷史者。於此，吾儕不可不首先推奬達爾文（註 一）彼證明現時一切生物體，卽植物，動物，以至人類，悉爲幾百萬年間進化過程之產物，予形而上學的自然觀，以致命打擊。然因研究辯證法的思案之自然科學者甚少之故，此新發見之結果，與先入思索法相矛盾，因是在今日自然科學理論的方面起無際限大混亂，教師，生徒，著者，讀者，皆同陷於絕望之境。

（註一）在馬克斯致因倪斯一八六〇年十二月十九日書簡（馬克斯，因倪斯往復書簡集第二卷四二六頁）中有『雖有英吉利流之粗野的說法，然此書——即達爾文著述，「種之起原」——有吾儕學說之博物學的基礎。』

全宇宙與其進化，與人世進化，及在人心此等進化之反映等之嚴密的表示，僅可依辯證的思索法，對由成長與消滅，由進步的變化與退步的變化所生之普遍相互作用，加以不斷考慮，方能有得。新德意志哲學，即以此精神而興起者。康德先成就其學業，破紐頓（Newton.）太陽系固定不變說，及予紐頓說以第一刺激之有名的太陽系永久存續說，而說明其爲一歷史的過程，由廻轉的星雲塊中發生太陽及一切遊星。同時，彼到達其結論，謂太陽系既有若是起原，則其將來之死滅，實有必然之趨勢。爾後經半世紀拉布拉斯，（Laplace.）以數學的立證此說，更經半世紀存在於空間有種種濃度之灼熱的瓦斯塊（卽星雲塊），依於分光器而證明。

此新德意志哲學，至黑倪爾，達其頂點。在黑倪爾哲學——此爲黑倪爾哲學大功績——，自然界，歷史界，精神界全部，初認爲一過程，卽思維其爲不絕運動，變化，發達者。從而冀得論證此運動及發達之內部關係。由此見地，人世歷史，决非如今日成熟哲理裁斷所稱，一切悉宜告爲有罪，人類務速忘却爲佳之無意味暴動，而實爲人類自身之進化過程。學問之任務，在追究此過程之漸次進行於其凡百迷途間，而由外見上偶然得見之一切現象中，發見其內部法則。

黑倪爾哲學不能解决其自身所提出之問題，於茲可置勿論。黑倪爾哲學畫期的大功績，只在其問題之提出。此問題，畢竟非一人所能解决者。黑倪爾同於聖西門，雖爲其當時最博學之人，然彼第一，制限於其自身智識之必然的範圍，第二，制限於其時代之智識與見解之範圍及深度。加之更有第三制限，卽彼爲唯心論者。依彼所主張彼頭腦中之思想，非現實事物及過程大大小小之抽象的畫面，而適爲其反，卽事物與其發展，不過爲永刧以前既在何處所存在之「理性」（"Idea".）之現實的畫而此思案顚倒一切事物，逆轉世界現實關係。黑倪爾固能正確且巧妙於蒐集多數事物關係者，然因上述理由，其細目不免諸多牽強附會矯揉造作，要之，不免錯誤。（註一二）黑倪爾哲學實爲哲學界巨大流產——但爲其種類最後之流產。黑倪爾哲學實際困於不可救藥之內部矛盾。卽在一方，其根本提案，爲以人世歷史爲進化過程之歷史觀，而其性質上，究不能依於所謂絕對眞理之發展，到達於智識之絕頂。在其他方，黑倪爾哲學，自信爲卽此絕對眞理之精髓。而自然界及歷史界包括一切，亘於永久之終局的智識，與此辯證的思維之根本法則相矛盾。外界系統的智識常隨時代而長足進步之思想，辯證法不僅不能排斥之，且反之而爲容認此思想者也。

（註二）馬克斯資本論第一卷再版序文，有左之云云『余之辯證的研究方法，不僅根本與黑倪爾相異，且正相反對。黑倪爾主張人類之思維過程，——彼呼之爲理性，甚至變化之爲一獨立的主觀體——爲現實界造物主，現實界不過爲其外面的現象。余所主張與之相反，觀念界，除在人類頭腦內受變形及翻譯之物質界外，不存在任何事物。……辯證法雖云依於黑倪爾而神秘化，然決不礙其爲以包括的及意識的說明辯證法一般作用形態之最初學者。辯證法在黑倪爾成爲逆立。吾儕應參透其神秘的外殼內之合理的核心，並不可不反正其逆態。』

四　唯物史觀

既知德意志唯心論之全然錯誤，當然唯物論因之重興。（註一）然應注意者，此決非返於形而上學的，全然機械的之十八世紀唯物論。舊派唯物論，以素樸之革命的態度，單純的排斥過去一切歷史，近世唯物論，以歷史爲人類進化過程，而以發見其法則爲自己任務。十八世紀法蘭西學者（黑倪爾亦然）以自然界全體爲行小循環運動，而永久不變者，被支配於紐頓天體永刼仁禮（Linnœus.）生物種類不變諸思想。反之，近世唯物論，包含近來進步的自然科學之智識，知自然界亦有其時間的歷史，諸天體亦同於在其上面適宜狀態下所生之生物種類，有生有死。循環運動，大體尙加承認，然在今日，乃行無限的大規模者。在右二事，近世唯物論根本上爲辯證法的，若臨其他諸科學，而不需任何哲學。各種專門科學，旣於世界事物與吾人對於事物認識之全體的關連間明瞭其各別地位，則研究其全體的關連之特殊科學，屬諸無用。因是從來哲學全體中尙獨立而殘存者，只爲思惟與其法則之學問，卽形式論理（註二）與辯證法是。（註三）其他悉屬諸自然與歷史之實證科學。

（註一）因倪斯於此，排斥「從來之」哲學，卽形而上學。辯證法，又辯證的唯物論，因倪斯之意見，猶爲哲學而殘存。若以「費羅梭非」（Philosophy.）（哲學）爲由德意志語

「烏憶爾安齋隱」(Weltanschauũng.)（世界觀）譯出則當然可稱唯物史觀爲馬克斯世界觀之核心，或馬克斯哲學。

(註二)廣義論理學，並含思維形式與內容之關係，即論究經驗成立之原理認識論，狹義論理學，僅研究思維形式與法則，則形式論理學是也。

在自然觀，此種變化，依於諸種研究結果所貢獻確實的認識材料之程度而實行，而在歷史上早已發生可使歷史觀生決定的變化之歷史的事實。一八三一年勞働者之最初暴動，起於里昂。(Lyons.) 一八三八——四二年，最初之全國勞働運動，即英吉利「柴德斯扡」(Chartists.)運動，達於頂點。在歐羅巴先進諸國，一方應於大產業之發達程度，他方應於有產者新獲得政權之發達程度，無產階級與有產階級間之階級鬥爭，出現於歷史之前。資本與勞働之利益相一致，自由競爭之結果，獲到全般的調和與全般的繁榮之有產者經濟學說之虛僞，漸漸依事實而明白證明。從而此等諸事物，不能置諸不顧，即在學理上表現甚不完全之法蘭西及英吉利社會主義，亦不能置諸不顧。顧殘存之舊式的唯心史觀，對於由物質的利害上所生之階級鬥爭，對於一般物質的利害，無所聞知。依其思維生產與一切經濟關係，不過爲偶然事態，視之爲文明史附屬的要素可耳。

諸新事實，以應重新研究之事，強制諸從來一切歷史。其結果，發見過去一切歷史，除原始時代外，悉爲階級鬥爭史。(註三)相互鬥爭諸階級，悉爲生產關係及交換關係——一言以蔽之，其時代之經濟關係——之產物。而社會之經濟的構造，有其實體的基礎，吾儕僅能依此基礎而對歷史上各時代，由法律上，政治上，諸制度以迄宗教上，哲學上及其他諸思想之上層建築(註六)全部，加以究極的說明。(註四)黑倪爾雖曾由歷史觀流放形而上學，認其爲辯證法的，然彼之歷史觀，於其根本尚屬唯心的。今也，唯心論已由其最後捕逃藪之歷史觀被驅逐，新的唯物的歷史觀已產生，不若從來依於人之意識，說明人之存在，(註五)更發見依於人之存在，以說明人之意識之方法。

（註三）『過去一切歷史……爲階級鬥爭之歷史』見於馬克斯與因倪斯共著之「共產黨宣言」。

（註四）此部份，參照馬克斯所著『經濟學批判』序文中，有名之唯物史觀要約的敘述一節，意味更爲明白，如左。

『人類，爲其生活而行社會的生產時連結於一定的，必然的，離於自己意志而獨立的關係，即相應於其社會產質的生產力一定發達階級之生產關係。此生產關係之總和，組成社會經濟的構造，而爲其實體的基礎，於其上建設法律的，政治的，上部構造，且生相應於其基礎之一定社會的意識狀態。此物質生活之生產方法，以社會的，政治的，及精神的一般生活過程爲條件。非以人之意識，決定人之存在者，而適爲其反，乃以人之存在，決定人之意識者。』

因倪斯於馬克斯死時，在其誄詞中，論唯物史觀如次。『與達爾文發見有機的自然之發展法則相同，馬克斯發見人世歷史之發展法則。從來因理想論之跋扈被隱蔽之單純事實，——人類得爲政治，科學，藝術，宗教等事以前，不可不先飲食居住，衣服。故以直接物質的生活資料之生產，從而以一民族一時代之經濟的發展階級爲基礎，由此基礎發展人世之政治組織，法律觀念，藝術，以至宗教思想，是等事物，——與從來全顛倒者相異——仍不可不依於右之基礎而說明。』（是爲馬克斯所發見者。）

（註五）參照（註四）『人之存在』云者，其意味爲人之生活狀態。在英譯本譯爲『社會生活』。

（註六）上層建築卽（註四）中之上部構造。均由原語「阿蔽慕」（Oberbau）譯出。其意味爲對於地下基礎的構造之地上建築。

五 剩餘價值說

自時厥後，社會主義不認爲由個人天才的頭腦中所偶然發見，而認爲歷史的發生之二階級，即無產階級與有產階級鬥爭之必然的結果。故社會主義之任務，不在盡力製造完全的社會組織，而在研究必然的發生之此二階級，與其對立之歷史的經濟的經過，以期發見現出於其經濟狀態間，可解決其矛盾之手段方法。然從來之社會主義，與此唯物觀不相容，恰如法蘭西唯物論之自然觀，與辯證法及近世自然科學之不相容。從來之社會主義，非難現存之資本家的生產方法與其結果，固屬正當，然不能加以說明，故亦不能加以整理，遂僅視爲罪惡而排斥之。彼等對於資本制度與其不可相離之勞働階級搾取愈猛烈憤慨，愈不能明瞭說明其搾取之從何成立，如何發生。欲說明此事，一方要明示資本家的生產方法之歷史的關係，即在一定之歷史的時期，此事爲不可倖免，從而明示其滅亡亦爲不可倖免者，又一方要暴露其隱蔽之內部特質。而能盡此能事者，爲『剩餘價値』(Surplus-value)之發見。依剩餘價値說所證明，不付勞働之領有，爲資本家的生產方法，及行於其下勞働者搾取之基礎。資本家雖似以全價值購買勞働者之勞働力，一若市場上商品然，然彼尙由勞働者搾取其支付以上之價値。結果，此剩餘價值，卽有產階級手中所積蓄，不斷增加之大資本價値總額所從出。資本之生產，及資本家的生產之產生，共得以是而說明。（註一）

（註一）由馬克斯所著『工資價格及利益』中摘錄相當於此之部份如次。

『紡績工若每日以六時間勞働，附加三「先令」(Shilling.) 價値（卽相當於其自已工資之價値）於棉花，則十二時間之勞働，附加六「先令」之價値，從而全出剩餘棉系。然彼以自己之勞働力賣於資本家，彼所作出之全價値（或全產物），屬於資本家之手。資本家先付三「先令」而得六「先令」之價値。以其半數更爲工資，殘餘半數全爲剩餘價値』

『商品之價値，依於所含勞働總量而決定。但勞働總量之一部份，實現於以工資之形，支付其報償之價値中，其他一部份，實現於不付何等報償之價値中。故含於商品中之勞働，一部份爲支付勞働，他一部份爲不付勞働。以商品爲所費勞働總量之結晶物，知其價値而賣出時資本家當然獲得利益。蓋彼不僅賣其已付報償之物，並賣其無本之物也。』
『勞働者一日間之勞働，僅一部份受報償，他部份不受報償。不付勞働（或剩餘勞働）
卽爲資本家所得剩餘價値（卽利益）之源。然全體勞働，均視若支付勞働。此虛僞之外觀，由他之勞働形態（奴隸或農奴）區別爲工資勞働。在工資制度基礎上，不付勞働，視若支付勞働。然在奴隸制度，其勞働之受支付部份，且視若不付。其次，農奴三日間勞働於自己農地，三日間不付而勞働於領主土地，此時，勞働之支付部份與不付部份，區別顯然。然在實際，一星期中三日間爲自己勞働，餘之日間，不受支付爲領主勞働，與在工場每日僅六時間爲自己勞働，餘六時間爲雇主勞働，非相同乎。特後之情形，支付勞働與不付勞働，相混雜而不可分，交易性質，全受隱蔽耳。

右之二大發見，卽唯物史觀，與依於剩餘價値之資本家的生產秘密之暴露，實吾儕深受惠於馬克斯者。社會主義以之成爲科學。以後僅在完成其細目與諸關係而已。

第三章 科學的社會主義

一 唯史觀之前提

唯物史觀由次之前提而出發。卽生產，及次於生產其生產物之交換，爲一切社會的構造之基礎。現出於歷史上各社會生產物之分配，及社會的區別之階級（或等第）依於生產何物，如何生產，及如何交換其生產物而決定。故凡百社會的變化及政治的革命之究竟原因，不當求之於人類頭腦中，不當求之於對永刼眞理及正義之人類智見之增進，而當求之於生產方法及交換方法之變化。卽不當求之於各時代之哲學，而當求之於其經濟。現存社會制度漸見爲不合理，不正義，昔之道理成爲不道理，善成爲惡之思想之興起，實則生產方法及交換形態於潛移默化間已遂變革，適合於以前經濟條件所作成之社會制度，已不適合於現條件之惟一證據。同時，排除此已暴露之弊害之手段方法，亦必於此已變革之新生產方法自身中多少發達而存在。（註一）故其手段，決非可由頭腦中發明，僅只依於頭腦，就所謂生產之現存物質的事實中發見。

（註一）馬克斯所著『經濟學批判』序文中一節，可爲此之參照。『一社會形體，非其內部尙餘之所有生產力發展後，決不滅亡，新的較高級生產關係，非其物質的生存條件，孕形於舊社會胎內後，決不發現。人世常提供應解決之問題。於疑問時，稍精密觀察，立時得知凡爲問題者，其可資解決之物質的條件，已經存在，最少亦於其成長過程中發生。』

然則近世社會主義，與此有如何關係乎。

二 近世社會主義

現存社會制度，近來稍稍一般承認，爲由今日爲支配階級之有產階級所作成。有產階級特有之生產方法，——馬克斯以後，稱爲資本家的生產方法——與封建制度地方的及身分的特權不適合，並不適合於個人相互間之束縛。(註一)因是有產階級，打倒封建制度，於其額址上，建設有產階級制度——即自由競爭，自由移轉，商品所有者平等權，其他凡百有產者的光榮王國。自是以後，資本家的生產方法，自由發展。有產階級指導下所作出之生產關係，自蒸汽與新機械，變化舊式手工的製造業，爲大工業後，以前代未曾聞之速率與程度而發達。然與以前手工的製造業，(註二)曁在其影響下大發達之(純粹的)手工業，(註二)與同業組合(註三)之封建的束縛相矛盾同，今也大工業既略道其充分發育，遂不免與資本家的生產方法限定之狹小範圍相衝突。即此新生產力，超越其利用法之有產者的形態而長成。此生產力與生產方法之矛盾，非若人世原罪(Oirginal sin，見聖書)與神之正義之矛盾，發生於人類頭腦中，乃存在於吾儕以外並與作出此矛盾之人之意志行動相分離，而爲全客觀的之獨立事實。近世社會主義，不外此事實的矛盾之思想的反映，而爲最先發生於直接困苦於此矛盾下之階級——勞働階級——的頭腦中之理想的反映。

(註一)余依英譯本之前譯如次。『資本家的生產方法，與封建制度不適合，與封建制度付與個人之特權不適合，與一切社會之階級的等別及地方的團結不適合，更與爲其社會組織骨格之世襲的主從關係不適合。』依此可更明瞭原文意味。

(註二)手工的製造業同於前註爲「孟紐擘騾爾」即工場的手工業。手工業爲較此更舊式之小規模「亨德維苦」(Handwerk.)爲明瞭其意味，於括弧內添(純粹的)三字。

(註三)同業組合，相當於德語「準夫托」，英語「基爾督」，日語之「一座」。

然則此矛盾由何成立乎。

三　社會的生產與資本家的領有

在資本家的生產以前，即中世紀，盛行勞働者私有生產機關之小規模經營。即在地方爲小農(自由民或農奴)之農業，在都會爲手工業。勞働要具——土地，農具，工場，工具——

一爲個人的勞働要具因其僅適於一人使用，故必然的短小狹隘。然因其短小狹隘，故通例屬於生產者自身。集中，擴大此分散的，狹小的生產機關，變爲今日強大生產槓杆，卽資本家的生產方法，與爲其支持者有產階級之歷史之任務。在十五世紀以後，單純協力作業，手工的製造業，大工業三階段，如何循歷史而遂行，詳說於馬克斯資本論第四章。然有產階級（在同論所敍）變此狹小生產機關爲強大生產力，無論如何，有變個人的生產機關，爲依於多數人協力而使用之社會的生產機關之必要。爲系挽車，手織機，金槌之代，見有紡績機械，機械機，蒸汽槌，爲個人的工場之代，見有需要數百人數千人協力之大工場。同時「生產」自身，由個人的作業變爲社會的行爲，生產物亦由個人的生產物變爲社會的生產物。棉系，棉布，金屬品等，凡今日由工場作出之物，皆多數勞働者共同生產物，在作成前，順序經多數人之手。從而無論何人，不能云『此爲我所作，』『此爲我之生產物。』

然在社會內部，自然，無計畫，漸次發生之分業，在生產根本形態下，其生產物形成商品，以其互相交換，即賣買充足各個生產者種種慾望。是即中世紀之情狀。例如農夫賣其農產物於工人，而向工人買其手工品。今也，個人的生產者，商品生產者之社會，闖入新生產方法。一般社會尚行自然，無計畫的分業，而在工場內已組織計畫的分業，與個人的生產相並立，出現社會的生產。兩方生產物賣於同一市場。其價格至少須略同一。然計畫組的織較自然的分業，頗強有力。依社會力而勞働之工場，較個別小生產者，產出較廉價商品個人的生產，逐一漸次衰滅，而社會的生產，變革一切舊生產方法。但其革命的特質，幾於全不認識反僅視爲獎勵，促進商品生產之手段。元來，社會的生產，與當時既存在商品生產及商品交換之特殊設備，——即商業資本手工業，工資勞働——發生密接聯絡。如斯社會的生產，成爲商品生產一新形式而出現，同時，商品生產之領有形式，當然亦充分保存。

中世紀之商品生產，其勞働產物，屬於何人，無容疑問。即當時通例，各個生產者，用自己所有，且大部份爲自己所作原料，以自己勞働要具經自己或家族勞働，產出商品。彼無再領有其商品之必要，當然，自始卽全屬於彼。對於生產物所有權單以自己勞働爲基礎。若有借助他力時，大都非關要事，且習慣爲報酬以工資外之事物「座」之徒弟職人，非爲衣食工資而勞働，乃爲欲成熟練職工之自身教育而勞働者。

因大工場，大製造所，生產機關之集中，從而實際上，起向於社會的生產機關之變形。然此社會的生產機關與生產物，猶如從前，視爲個人生產機關及生產物而處理。從來勞働要具之所有者，對其產物，通例爲自己所產之物，借助他力，僅爲例外，故領有其產物。然在今以、勞働要具所有者，對其產物，既非自己所產之物，而全爲他人勞働產物，竟依然領有之。於今日依社會力所作出之產物，不領有於實際運動生產機關，卽實際作出其產物之人，而領有於資本家。生產機關及生產，本質上雖成爲社會的，然尙屈服於以個人之私有生產爲前提，從而個人私有其各別生產物而運諸市場之領有形式。是生產方法雖廢除領有形式之前提，而猶屈服於其形式。(註一)此矛盾爲付與資本家的性質於新生產方法，而現今凡百反目衝突之萌芽，即包含於其中。此新生產方法，在過要諸經濟國，對於一切重要生產部門，愈獲到支配權，則個人生產愈成爲無味殘物，而社會的生產與資本家的領有之不適合，亦愈明瞭出現。

(註一)是蓋無俟多言者，此時領有形式雖仍舊，而領有性質經前述諸變化，與「生產」同，發生變革。領有自己生產物，與領有他人生產物，因大差異。然含有資本家的生產方法萌芽之工資勞働，起原甚古，以偶發的，散在的形態，與奴隸勞働相並立，存在於數百年間。但其萌芽至具備必要之歷史的豫備條件時，始發達成爲資本家的生產方法。(原註)

四　無產階級與有產階級

最初之資本家，發見如前所述既存在之工資勞働形式。然此僅爲例外，爲副業，爲附屬物，爲通過點之工資勞働。農村勞働者，間爲日傭工人，顧彼等猶有幾畝土地，畢竟能維持其簡陋生活。又「座」之制度組織，今日爲下職人者，明日可成領袖職人。但生產機關社會化，而集中於資本家手時，其事情一變。個人的小生產者之生產機關及生產物，漸次成無價值。彼等舍在資本家下爲工資勞働者外，其道末由。昔時視爲例外，爲補充之工資勞働，今成爲全生產界基本形態。昔爲副業者，今爲勞働者唯一之工作。一時的工資勞働者，成爲終身的工資勞働者。而終身工資勞働者，因在同時所發生封建制度之崩壞，貴族家臣之解體，農民由農場之解放，更大增加。一方，集中於資本家手中之生產機關，他方，除自己勞働力外毫無所有之生產者，二者完全分離。社會的生產，與資本家的領有之矛盾，遂成爲無產階級與有產階級之對立而現出。

五　生產界無政府狀態

如前所述，資本家生產方法，闖入於商品生產者，個人的生產者之社會中。在其社會，生產物交換，成爲社會的交涉媒介。然在以商品生產爲基礎之社會，有一特質，即生產者失支配自身社會的諸關係能力。各人以其偶然所有之生產機關，行充滿特殊交換的慾望之個別生產無論誰何，其自己製造品類現於市場者幾何，其一般的需要幾何，全不之知。無論誰何，其各別生產物應於實際要來與否，足償其生產費與否，即結果能賣出與否，亦全不知悉。社會化生產界，瀰滿無政府狀態。然在商品生產，亦同於其他一切生產形態，有一種特別不可相離之固有法則。此法則不拘於無政府狀態，反依之而形於其中。即此法則發現於爲社會的交涉唯一永續形式之商品交換間，而於其間對各別生產者，爲強制的競爭法則而實現。生產者最初不知有此法則，經長久經驗後，漸次發見。故此法則由生產者分離而獨立，與生產者相對立，成爲盲目的作用之生產形態自然法則，而實現。即產物支配生產者。

中世紀社會，特在其初期，生產，其本質上，以自己使用爲目的。主要僅在充滿生產者及其家族之要求。在有個人的從屬關係存在，如農村者，並充足其領主之要求。此時全無所謂交換，而產物不帶商品性質。農家殆生產自身輩一切需要物，即自食物以迄家具，衣服。僅在自身輩要求以上，及供奉領主年貢以上，多額生產時，彼等始並生產商品。蓋其餘額爲社會的交換之賣品而提出時，即成商品。更有進者，都市手工業者自始則不可不爲交換而生產。然彼等自身要求之大部份，仍以自己之勞働而充足。彼等有菜園，或少額耕地。彼等牧養自己家畜於都市共有林。彼等由共有林採取木材與薪炭。婦女輩紡麻，繰絲。當時以交換爲目的之生產，即商品生產，尚極幼稚。故交換僅見市場狹小，生產方法不變。而在其外有地方的隔絕在其內有地方的團結，在農村有「馬爾克」（註一）（Mark）在都市有「進夫托」。（註二）

（註一）「馬爾克」爲在德意志及其他之「村落共產體」後身，耕地漸次成爲個人私有時，山林原野等，猶爲共有而成一自治的團結。因倪斯有研究「馬爾克」論文，爲此書德意志版附錄，然在內容上無直接關係，故此譯本省略之。

（註二）見本章第二節（註三）。

商品生產之擴大，特別在與資本家的生產出現同時，從來潛伏之商品生產法則，以更公然，更有力，而活動。弛緩諸種舊束縛，破壞地方的舊範圍，盡變生產者爲個別獨立商品生產者。社會的生產之無政府狀態更明瞭，且其無政府狀態，漸次達於絕頂。然資本家的生產方法，增大此社會的生產無政府狀態之主要手段，卻爲無政府狀態之正反對，即在各人生產場，其增大之生產，益爲社會的組織化。舊事之物平和安定狀態，從此告終。無論何處何種產業部門，此生產方法一旦輸入，其同產業舊方法，決不許其存在。無論何處，此方法一旦奪取手工業後，必致其舊手工業於死地。勞働界盡化爲戰場。地理的大發見，及與之相伴之殖民事業；更數倍擴大商品販路，促進手工業之製造業化。（註三）此戰爭不僅起於地方的生產者間，地方的戰爭，更長成爲國家的戰爭。十七，八世紀之商業戰爭，即此是也。

（註三）「手工業之製造業化」云者，其意味爲「純粹手工業，向手工的製造業之變化。」

最後，大工業與世界市場之開拓，使此戰爭成爲世界的，同時，更附與以前代未曾聞之劇烈。個別資本家間，產業與產業間，國家與國家間，以自然的或人爲的生產條件之便宜，決定其各別之存在。一度失敗者，不容寬恕，立受排斥。達爾文式個體的生存競爭由自然界移入人世社會，且更見激化。動物自然狀態，視爲人類發達絕頂。社會的生產與資本家的領有之矛盾，成爲各別工場之生產組織，與全社會生產無政府狀態之對立而現出。

六 產業豫備軍

資本家的生產方法，運動於由其起原時既內在之矛盾對立之二種現象形態。從而不能脫出蒲利爾既發見之「惡循環。」但蒲利爾在當時尚未認識者，爲其循環之次第縮小。即彼所未認識者爲其運動寧謂爲螺旋狀，有如遊星運動，結局與其中心衝突，終歸消滅。社會的生產無政府狀態所有強壓力，驅人類大多數漸次變爲無產者，而此無產者大衆，結局又使無政府的生產歸於終結。社會的無政府生產所有強壓力，乃強制命令大工業諸機械無限完成者，各工業資本家從其命令，漸次完成可免自己滅亡之諸機械。

然機械完成，即人世勞働過剩。若認機械之出現與增加，其意味爲依於少數機械勞働者以驅逐幾百萬手工勞働者，則機械之進步改良，其意味更爲漸次驅逐機械勞働者自身。結局，超過資本屜入要求平均數之待命工資勞働者大衆，成爲完全產業豫備軍。(Indust-rial reserve army.) 此產業豫備軍名詞，爲著者一八四五年所著「英吉利勞働階級狀態」("The Condition of the Wroking-Class in England") 書中所命名者，即在產業界好景况時被徵發，從而在必然的恐慌發生時，被棄置於街頭者。亦即在勞働階級對抗資本之生存競爭中，常負於其身之重荷，且爲引下勞働者工資以適於合資本要求最低水平線之調節機。有如馬克斯所云，機械爲壓伏勞働階級之資本制度最有力武器，勞働要具不絕的由勞働者手中奪其衣食，勞働者自身生產物，爲屈服勞働者之工具。勞働要具之經濟的使用，自始卽成極暴亂之勞力浪費，而爲對於勞働機能當然必要條件之掠奪。縮短勞働時間最有力手段之機械，爲變更勞働者及其家族一切生活時間，使成爲資本利殖運用上最得自由使用的勞働時間之確實手段。一部份之勞働過度，爲使他部份成爲遊手之豫備條件，而亘全世界探求新消費者之大工業，在其國內強制民衆消費至最低飢餓點，因是砍破自己國內市場。『最後，常在資本蓄積程度範圍內平衡此相對的過剩人口，卽產業豫備軍之法則，其束縛勞働者於資本制度，較諸「鍛冶神」務爾堅（Vulcan）栓「天火盜人」波洛梅底（Promethus）於嚴上，尤見緊固。此法則作出相應於資本蓄積之貧困蓄積。在其一極爲富之蓄積，同時，在其對極，卽在以自己生產物爲資本而產出的階級（卽勞働階級）之側，爲貧困，苦腦，屈服，愚蒙，兇暴，墮落之蓄積』。（註一）故欲由此資本家的生法產中，發生他種生產物分配方法，恰如電池內之電極，連結於電池時，而欲不分解其水，不遊離酸素於其積極，不遊離水素於其消極也。

（註一）馬克斯資本論第一卷。（高畠譯第八五八頁。）

如前所述，近世大機械之最高進步性，因社會的生產之無政府狀態，對各資本家，成爲不絕的使其改善機械，不絕的使其擴大生產力之强制命令。而擴大生產領域之單純實際上可能性，對各資本家，亦成爲同種强制命令。大產業膨脹力，至足驚人，若與之較，則瓦斯等膨脹力，僅等兒戲，而凡百障礙於一笑之品質的，數量的，膨脹慾今已突現吾儕眼前。其障礙爲對於大產業生產物之消費，販路，市場，然其市場之擴大性，外形內容，俱受支配於完全差異，爲力極微之法則。市場擴大，不能與生產擴大同其步驟，遂不免於衝突。其衝突，在資本家的生產法未爆裂前，決不能達到眞正解決，故成爲週期的。因是資本家的生產法，乃又作成一「惡循環」。

七 恐慌

實際上，自一八二五年第一次一般的恐慌發生以來，工業界及商業界全體，即一切諸文明國及多少未開化諸附屬國之生產交換，約十年間呈大次一紊亂。商業停止，市場充斥，生產物壅積末由賣却，硬幣潛伏，信用消沈，工場鎖閉，勞働大衆因生產生活資料過多而失却生活資料，破產重疊強制執行百出莫窮。此惡景況繼續數年間，其間，生產力與生產物大量濫費破壞，結局，壅積之商品，大大小小，減價消售，生產與交換乃再開始活動。而其步驟，漸加速度成爲小走，此產業的小走，一轉而成急走，此急走更成無制馭盲走，在工業上，商業上，信用上，機械上，現出完全障礙物競走，結局，經幾回冒險的大飛躍後，再墮落於從前之恐慌濠中。若是幾度循環，自一八二五年以來，吾儕既經驗五次恐慌，現正（一八七七年）經驗其第六次。此恐慌之性質，至爲明顯，沛利爾稱之爲多血症恐慌（"crise pléthorique"）（由過剩所生之恐慌）實可謂恰當也。

在此恐慌中，社會的生產與資本的領有之矛盾，起大爆裂。商品之流通，完全暫告停止，爲流通手段之貨幣，成爲流通障礙物，商品生產與商品流通之法則，悉行顚倒，經濟的衝突，達其頂點。是爲生產方法對於交換方法之叛逆。

在此等恐慌中多數大資本家顚仆，更多數之小資本家顚仆，因是，依資本猛烈集中所起之工場內生產之社會的組織，既發達而與一般社會——與工場內生產組織併存，而爲其支配之——生產無政府狀態不適合之事實，即資本家自身，亦覺明瞭。資本家的生產法之全設備，蹲踞於自己所作出生產力之壓力下。資本家的生產法，已無悉化此生產機關大羣爲資本之能力。生產機關大羣，成爲廢物。因而產業豫備軍，亦不得不成爲遊手。生產機關，生活資料，待命勞働者，凡百生產要素與一般財富要素，以豐饒過多而存在。然『此豐饒過多，爲苦痛與缺乏之原因（蒲利爾）』何則，豐饒過多，乃妨礙生產機關與生活資料化爲「資本」者。在資本家社會，生產機關，非先化爲資本——即搾取人世勞働力之工具——後，決不能盡其職能。此生產機關與生活資料資本化之必要，有如怪物出現於此等事物與勞働者間。因此怪物對於生產物的動力與人的動力之結合，受其妨礙。因此怪物，生產機關不能盡其職能，勞働者不能以勞働而生活。故在一方，資本家的生產法自認無較現在更能使用此生產力之能力，在他一方，此生產力自身更增大其力，迫於矛盾之除去，迫於自己爲「資本」性質之廢止，迫於自己爲「社會的生產力」性質之實際的認識。

八　資本集中

此猛烈增大之生產力，反抗自己之資本性，即漸次要求自己社會的本性之認識，遂使資本家階級自身，——以在一般資本制度下所可能爲限——不得不視之爲社會的生產力而加以處理。無論在產業的高壓時代（即好景況時代），信用無制限膨脹時，抑在大資本企業崩壞，發生恐慌時，生產機關大羣，俱成社會化形式，即各種股份有限公司是也。在此等生產交換諸機關中，例如鐵道，自初即不少爲排斥其他資本家的榨取一切形式之巨大

第三章 科學的社會主義 六四

組織者。然達一定發達階級時，此形式仍不充分。故以生產統制之目的，一國內同一產業部門諸大生產者，結合於稱爲「托拉斯」(Trust)之一團體。彼等先定生產物總額，分賦於各人間，而強制之以豫先確定之賣價。但此種「托拉斯」，一旦惡景況發生時，最易分裂，故又行更大集中的社會化，以一產業之全體，成一巨大股份有限公司，變國內的競爭，爲國內的獨占。在一八九〇年，英吉利「亞爾加里」(Alkali)產業，發起此種組織，四十八個大工場，合同爲一公司，以六百萬鎊大資本行統一的經營。

在「托拉斯」，自由競爭變爲獨占，資本家社會無計畫生產，屈服於未來社會主義社會之計畫的生產。顧在其時，猶爲資本家之利益與便利。然至是，榨取形跡，過於顯明，遂不能不破裂。蓋無論如何國民，不能見此一小羣利益分配者，如斯露骨的榨取社會全體，而猶忍於任「托拉斯」以生產之事也。

結局，不拘「托拉斯」之存在與否，爲資本社會正式代表之國家，不得不當生產管理之任，(註一)而此國有化之必然，遂先現出於郵政，電報，鐵道，諸大交通機關上。

(註一)於此云『不得不當』之理由如次。生產機關或交通機關，實際既長成至不適於股份有限公司經營時，從而其國有化爲經濟的不得避免時，自其時（雖實行者爲今日之國家）始有經濟上一進步，即一切生產力握於社會自身之新的第一步獲得。自近來卑士馬克（Bismarck）熱中於國營事業以後，發生一種似是而非之社會主義，屢屢墮落於阿諛醜態，輕急的稱一切國營事業，雖卑士馬克流者，亦爲社會主義的。若煙草國營，可稱爲社會主義的，即拿波崙，麥德尼（Metternich）豈非應數之於社會主義建設者中乎。比利時國家因日常平庸之政治的及財政的理由，自身建設主要鐵道線路，卑士馬克，無何等經濟的必然性，僅爲欲得戰爭時之便宜利用，欲養成鐵道從業員爲投票時之政府走狗，且欲得不經議會協贊之新財源，遂以普魯士主要鐵道線路爲國有，凡此直接間接，意識的無意識的，決非社會主義政策。若以余言爲非，則王室海事協會，王室陶器製造所。陸軍裁縫隊皆可云社會主義的制度。甚至一八三〇年，菲利德利威廉三世(Frederick William III) 時代，某狡猾者大聲提唱之娼寮國有亦然。(原註)

若恐慌爲暴露對近世生產力處理，有產階級之無能，則生產交通大企業會爲股份有限公司，爲「托拉斯」，爲國有，乃證明對此等事業有產階級之無用者。資本家之國會的職能，今悉依於受薪俸之使用人而實行。資本家除收取利息，截取息券，並在股票之場，互相奪取資本外，已不有何等職能。資本家生產方法，初驅逐勞働者，今又驅逐資本家，而儕之於過剩人口之列。其與勞働者異者，只尚未成爲產業豫備軍耳。

然無論爲股份有限公司，爲「托拉斯」，爲國有，其變化究尚未除去生產力之資本性。在股份有限公司與「托拉斯」固至明瞭。若近代國家，則不外有產者社會爲對勞働者及個別資本家之侵害，維持一般資本家的生產法外部諸條件而設之組織。故近代國家，不拘其形體如何，本質上，爲資本家的機械，爲資本家之國家，爲總資本家之理想化。從而愈握有生產力，愈成爲實際總資本家，愈榨取人民。勞働者，終身爲工資勞働者，爲無產階級。資本關係，不僅不能除去，反達於其絕頂。達於絕頂即仆。故生產力國有，雖非矛盾解决法，然解决法之關鍵，即其外形的手段，不可不謂其已存在。

九　勞働階級掌握政權

其解决法，在實際上認識近代生產力之社會的本性，從而在使生產，領有，及交換，與生產機關之社會的特質相合致。此僅能依於社會，公然直接——既長成至不適合於社會以外任何管理——佔有生產力而實現。若然，則生產機關及生產物之社會的特質，——現在雖反抗生產者自身，定期的破壞生產交換之方法，成爲單純盲目的自然法，以強制的，破壞的行其作用——今後，以充分意識，受利用於生產者，由從來混亂的定期的破壞之原因，一變而成爲生產者自身最有力之槓杆。

大社會力，完全若自然力之行其作用。在吾儕不認識，無計算間，爲盲目的，強制的，破壞的，若吾儕一度認識，理解其作用，方向，影響時，漸次服從吾儕之意志，得容易依之以達吾儕目的。今日之強大生產力，其適例也。在吾行頑固的不理解此生產力本性與特質時，——實際，資本家的生產法與其擁護者，反抗此種理解——其時，此方反於吾儕意志，逆抗吾儕而行其作用，其時，此力且支配吾儕，有如前述。

然一度理解其性質後，此力，在協同一致之生產者手中，由惡魔大王變爲從順奴僕。有若現於雷雨中之電氣破壞力與馴畜於電報機或電弧中之電力之差異，又若火災之火與日用之火之差異。今日之生產力，逐漸被認識其本性，從而加以處理時，生產界無政府狀態，始見消滅，而從於社會全體及個人之慾求，行一定計畫生產之社會的經營。資本家的領有方法，卽產生特先壓倒生產者，其次壓倒領有者之領有方法，乃告廢絕，而行基於近世生產機關本性之生產物領有法。卽在一方，成爲維持，擴大生產手段之直接社會的領有，在他方成爲生活與享樂手段之直接個人的領有。

與資本家的生產法漸次驅大多數人民變形爲無產者同時，作出無論如何不可不完成此革命——否則自己不免滅亡——之力。又與旣社會化之大生產機關漸次變形爲國有，同時指示其自身以完成此革命之途徑。卽勞働階級掌握國家權力，先移生產機關爲國有是也。

十 國家死滅說

勞働階級，依是廢除爲無產者之自身，依是廢除一切階級差別與階級對立，更廢除爲國家之國家。從來依階級對立而運轉之社會，以國家爲必要。卽當時榨取階級，以維持其生產的外部條件之組織，從而以依現存生產方法所生之壓迫條件（卽奴隸制，農奴制，工資勞働制）強制的使被榨取階級服從之組織，爲必要。國家爲社會全體公共代表，爲結成社會爲顯明的體制者，然其所謂國家者，不外指代表當時全社會之階級之國家。卽在古代爲奴隸所有者之國家，在中世爲封建貴族之國家，在現代爲有產階級之國家。而此國家在最後成爲全社會眞正代表時，已爲無用長物。蓋既無可壓迫之社會階級，既無階級政治，與基於從來生產界無政府狀態之個人的生存競爭，及由是所生之衝突與暴行，卽應受鎭壓者，已一無所有，自無需特殊鎭壓力卽國家之必要。國家眞正爲全社會代表而出現之第一行爲，——卽以社會名義佔有生產機關——亦卽爲國家最後之獨立行爲。對社會諸關係以國家權力干涉，在各方面漸次不要，遂不免於自行消滅。對人支配變爲事物管理，與生產過程之處理。國家非被廢止，而爲死滅。所謂『自由國家』（"free State"）之名詞，可依下述意味與以判斷，不外或爲宣傳的用語，暫容假借，或因科學的不備，未明究極卽無政府主義者之廢止國家之要求，亦將無同。

佔有一切生產機關於社會手中，乃自資本家的生產法出現歷史上以來，某學者，某學派等，認爲將來理想，而影響模糊，多方夢想者。迨其具備爲實現之實際的條件時，始成爲可能，成爲歷史的必然之事。故其實現，同於凡百社會的進步，决非因於以階級之存在，爲反於正義，平等，其他等之智見者，非因於廢止階級之單純的意志者，而實因於新的經濟條件。區別社會爲榨取階級與被榨取階級，支配階級與服從階級，乃前代生產貧弱的發達所生之必然結果。社會全體勞働，僅在全體人類必須衣食外，產出極僅剩餘時，即社會全體大多數不可不終日或殆終日從事勞働時，其社會必然的區分爲數階級。在專服勞役之大多數人民外，產生免除其直接生產勞働而從事於社會一般的任務——勞働指揮，國家事務，裁判，學問，藝術等——之一階級。故爲階級別之根柢者，即分業之法則。因是，此階級別無妨依於強暴，掠奪，詐欺，詭譎以行。支配階級一度登臺而後，無妨時時犧牲勞働階級以鞏固其自己支配權，時時變其社會的指導而爲民衆榨取之繼長增高。

顧階級區別，雖有若是多少歷史的理由，然限於在一定期間內，或在一定社會條件下。

即爲基於從來生產之貧弱者。從而共近代生產力之充分發展而一掃。實際上，社會階級之廢止，乃歷史進化之程度，豫想不僅無特殊支配階級存在之必要。且無何等支配階級存在之必要，從而階級別其物，爲時代錯誤，爲廢物。乃生產發達之程度，豫想不僅無特殊社會階級領有生產機關及生產物，因而掌握政權，獨占文化，立於智識的指導地位之必要，而反爲經濟的，政治的，及智識的進步之障礙者。

十一　自由之國

如斯時機今正到來。有產階級之政治的及智識的破產，彼等自身，已殆難於隱諱。彼等之經濟的破產，行每十年間規則的循環。每次恐慌來時，社會被壓迫而窒息於自身不能使用之自身生產力與生產物下，從而孤立於因無消費者故而生產者乃無有消費物之無意識矛盾下。於是生產機關之膨脹力，破壞資本家的生產法之束縛。此束縛之破壞，乃將來永續不斷急速前進之生產的發達，從而亦爲生產其物實際上無限增大，之唯一豫備條件。不僅此也，生產機關之社會的領有，不僅排除現行生產上之人爲的制限，實並防備現在爲生產不可相離的伴侶，在恐慌時，且達到其頂點之生產力及生產物之積極的浪費與破壞。（註一）更因制止支配階級及其政治的代表者無意識之奢侈浪費，留存多量生產機關及生產物於社會全體。於是，社會全體，依社會的生產，保證其生活之可能性，——其生活不僅爲物質的充分豐富，並其豐富日日增大，更爲對其全體肉體的及精神的能力，保證其完全自由發育與活動之可能性——乃始發生，乃生於茲。（註二）

（註一）在馬克斯資本論（第一卷，第二十四章，七）以下述有名文章，敍社會革命之豫想。『與此資本集中，即少數資本家剝奪多數資本家，相並立，發達下述諸事。在勞働行程不絕擴大其規模之協業的形式。在技術上科學之意識的應用。組織的土地之利用。勞働要具，向只可爲共同的使用之勞働要具之轉形。由於以一切生產機關爲結合的，社會的勞働之生產機關而使用所生之節約。一切國民向於世界市場網之連結。及與此相伴之資本制度之國際的性質。佼佔，獨佔，由此轉形行程所生一切利益之大資本家數不絕減少間，同時窮乏，壓迫，隸屬，墮落，榨取之量乃益增大。但同時依資本主義生產行程其物之設備，而訓練，結合，組織，且不絕的膨脹之勞働階級反抗，亦隨而生。資本獨佔，成爲對於自身有關連或在自身下所繁榮之生產方法之束縛。生產機關集中與勞働社會化，達到與資本主義外殼不相適合之點，而破其外殼。資本主義私有財產寂滅之鐘乃鳴，剝奪者遂不免於被剝奪。』（高畠譯，一二〇四面。）

（註二）近代生產機關，在資本家的壓迫下，猶有可驚膨脹力，爲示大體觀念，於此略舉概數。依義芬（Giffen）氏計算英吉利（大不列顛及愛爾蘭）富之總額，概算如次。

一八一四年……二，二〇〇，〇〇〇，〇〇〇鎊

一八六五年……六，一〇〇，〇〇〇，〇〇〇鎊

一八七五年……八，五〇〇，〇〇〇，〇〇〇鎊次舉恐慌中生產機關及生產物破壞之一例。最近之恐慌（一八七三——七八年），僅德意志鐵工業之損失總額，報告於第二回德意志工業大會（柏林一八七八年二月二十一日）者，實爲四五五，〇〇〇，〇〇〇「馬克」。（原註）

生產機關持有於社會手中，則商品生產消滅，同時，生產物支配生產者之事亦消滅。在社會的生產內部之無政府狀態，變爲計畫的意識的組織。個人的生存競爭歸於消滅。於是，人類在一定意味上，始與他動物界區別，脫出動物的生存條件，而入於眞正人類生活。從來支配人類之人類生活條件外圍，今始歸於人類之支配與統制，人類始爲眞的意識的之自然界主人，同時亦爲自己社會組織之主人。從來爲壓伏人類之外來自然法，而與人類對立之人類自身社會行爲法則，今始以充分實際的理解，受使役於人類，從而受支配於人類。從來受強制於自然與歷史，而與人類對立之人類自身社會組織，今始成爲人類自山活動之結果。從來支配歷史之客觀的外來諸力，今始歸於人類自身之統制。自是以後，人類始能意識的作出自己歷史。自是以後，人類始能使已組織之社會的諸原因，在主要在不絕增大程度，齎到豫想結果。是爲由必然之國向自由之國之人類飛躍。

十二　歷史的進化概括

以下爲結論，簡單概括前述之歷史的進化。

(甲)中世社會。小規模之個人生產。生產機關適應於個人的使用，從而爲原始的無力物，於效果爲貧弱。爲生產者自身，或其領主之直接消費而生產。生產逾於消費而有餘剩時，爲出賣其餘剩，乃付於交換。故商品生產尚極幼稚，然於其間，社會的生產無政府狀態，已生萌芽而含在。

(乙)資本家的革命。先爲依於單純協力作業與工場的手工業之產業變形。次爲從來散在之生產機關向於大工場之集中。從而爲個人生產的機關向於社會的生產機關之變形。但此變形大體上對於交換形式，不生影響。領有之舊形式，依然存在。資本家因以出現。資本家以其爲生產機關所有者之資格領有生產物，且以之爲商品。生產已成爲社會的行爲。而交換及領有猶繼續其爲個人的行爲。社會的生產物，依於各別資本家而領有。由此根本矛盾，發生運動現在社會之一切矛盾。而大工業暴露其一切矛盾。

(A)生產者與生產機關分離。勞働者被宣告爲終身勞働者。無產階級與有產階級對立。

(B)支配商品生產之法則，漸次優勢，漸次有效。無制限之競爭。在個別工場內之社會的組織，與生產全界社會的無政府狀態之矛盾。

(C)在一方，競爭之結果強制一切製造家以機械之完成。其意味卽爲漸次使多數勞働者休職。卽產業豫備軍。在他方，一切製造家，受強制於競爭，因而無制限擴大生產。因此兩事生產力之發達，成爲前代所未曾聞，供給超過需要，生產過剩，市場充斥，十年間一度恐慌，一種「惡循環」卽在此，爲生產物及生產機關過多，在彼，爲無職業無衣食之勞働者過多。然此二種之生產原動力，社會安寧原動力不能合同連結而活動。其故，蓋在資本家的生產法，生產力非先化成資本後，則不能運轉，而其物生產亦不能流通。而因其生產力過多，遂不能化爲資本。此矛盾且達於無意識的極點，生產方法對於交換形式，成爲叛逆。有產階級自認無較此以上經營其自身所有社會的生產之能力。

(D)資本家自身不得已部份的承認生產力之社會的性質。生產及交通大設備，初爲股份有限公司，次爲「托拉斯」終爲國有。明示有產階級爲無用階級。彼等之社會的職分，悉依於受薪俸之使用人而實行。

(丙)無產階級革命。矛盾之解決。無產階級掌握公權力。依其權力，由有產階級手中所分離之社會的生產機關，變形爲公共財產。依此行爲，無產階級解放生產機關從來之資本性，而予以貫徹其社會的性質之完全自由。依於預定計畫之社會的生產，自此以後，乃爲可能。

生產之發達，認社會諸階級之存在，爲時代錯誤。與社會的生產無政府狀態之消滅相關連，國家之政治的權力，歸於消滅。人類乃成爲自身所作出之社會組織之主人，同時並爲自然界之主人，爲自身之主人，——到底，爲自由。

成就此全般的解放行爲，乃近世無產階級之歷史的使命。而透徹理解此歷史的條件，及此行爲之眞實性質，分賦此條件之完全智識，及此應完成之重要行爲之意義，於現在被壓迫之無產階級，乃科學的社會主義無產階級運動之理論的宣傳之任務。

重譯者跋

因倪斯為僅次於馬克斯之社會主義箸作家。此小册子與「資本論」「共產黨宣言」共為馬克司派社會主義三大傑作。風行歐美。據英譯本「出版者小序」中所述，一八八三——九二年，在德意志發行二萬册，一九〇〇——〇八年，在亞美利加發行三萬册。近在日本，尤有一日千里之勢。大抵資本主義盛行之地，即其流行尤速。

此小册子在歐美，已有十國譯本。其輸入東亞，亦在距今二十年以前，——明治三十九年七月——堺利彥氏初譯載於「社會主義研究」雜誌。大正七年，再加訂正，揭載於「新社會」雜誌未及終篇（尚餘第三章）突遭發賣禁止之處分。其後大正九年，河上肇氏再譯載第三章於「社會問題研究」雜誌。據堺氏推測，「新社會」為評論雜誌，因受處分，若在研究學術雜誌，則不妨揭載。堺氏因力訂舊譯，成為研究學術小單行本而公刊之。初名「由空想向科學」後改稱「社會主義之發展」即此重譯本之藍本也。

重譯者跋

漢民族百不如人，即區區學術研究，亦在在落伍。邇來震動全球之社會主義運動，雖稍有所聞，而爲其主義之不朽傑作，乃尚絕少介紹，因是模糊影響，錯謬百出。排之者大都吠影吠聲，不問其造因，和之者大都捫數捫籥，不究其眞相，紛糾日亟，滋禍無窮。大凡一主義之形成，必有其相當原因，相當過程，亦必生相當結果。不導其源，不暢其流，而欲其免於決川潰隄，是烏可得，故余爲學術研究，不能不重譯此書，甚望排之者與和之者之各深加以研究也。

原譯本被塗抹部份，一一依據英譯本補足。並於欄外加以小註，以便讀者。

共和紀元十有七年三月二十日，日本普選初次舉行之日，思越重譯既竟，跋於日本古江戶城中思越室。

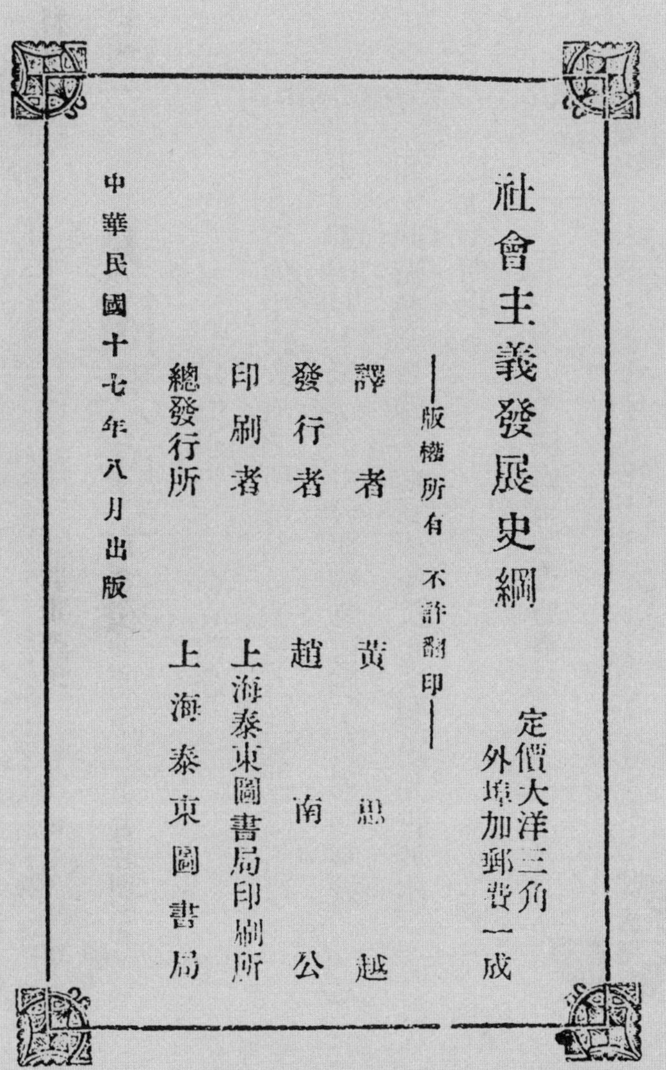

社會主義發展史綱

定價大洋三角
外埠加郵費一成

——版權所有　不許翻印——

譯者　黄思越

發行者　趙南公

印刷者　上海泰東圖書局印刷所

總發行所　上海泰東圖書局

中華民國十七年八月出版

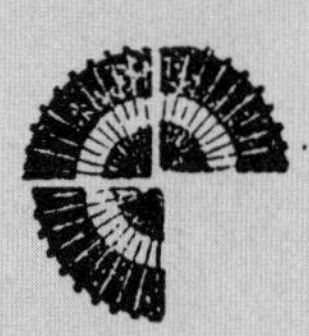

朱謙之先生著

大同共產主義

定價四角　寄費四分

本書宣傳中國政治之傳統精神，以人性爲基礎，以大同爲門戶，以美的社會組織爲匡廓，以禮樂爲妙用，以游藝爲依歸，意在撥亂反正，以躋斯世於永遠太平而止。

上海泰東圖書局發行

后记

“马克思主义经典文献传播通考”丛书经过三年多的立项、写作、编辑，终于呈现在广大读者面前。

“十月革命一声炮响，给我们送来了马克思列宁主义。”从此，以李大钊为代表的中国先进分子选择了这一思想并积极推动马克思主义政党的建立。中国共产党成立后，坚定地把马克思主义作为指导思想和理论基础，推动着中国革命、建设和改革事业不断胜利，推动着中华民族复兴伟业不断前行。2018年是马克思诞辰200周年，2020年是《共产党宣言》第一个完整中译本出版100周年，2021年是中国共产党成立100周年。在这样的背景下，我们推出了“马克思主义经典文献传播通考”，就是要探寻马克思主义经典文献是如何传入中国的；在传播过程中，无数前辈付出了怎样的努力和牺牲；这些经典思想又怎样与中国实际相结合、与中国文化相融合，从而成为指导中国革命和建设的强大思想力量。

辽宁出版集团和辽宁人民出版社秉承出版理想，担当出版使命，以强烈的主题出版意识，承担了这一重大出版工程的编辑出版工作；积极组建工作团队，配备优秀编辑力量，为此项出版工程的顺利推进提供了多维度保障。

在出版项目实施过程中，杨金海、李惠斌、艾四林三位主编以高度的责任意识、严谨的治学态度、扎实的学术功底和深厚的专业素养，为丛书的研究方向、学术内容、逻辑结构、作者选择、书稿质量把关等贡献了大量的智慧，是这套丛书得以顺利出版的根本保证。王宪明、李成旺、姜海波三位副主编全力配合丛书主编工作，为丛书的编写付出了大量心血。特别是常务副主编姜海波全身心投入丛书的编写工作，从丛书所附影印底本资料的搜集，到书稿编写的整体协调和联络，都精心负责，其认真的工作精神和勤奋的工作态度，令我们感动。原中央编译局的领导和研究人员为本丛书的出版作出了积极贡献。原副局长张卫峰在选题立项、主编人选的推荐和丛书的设计上给予热心指导；中央编译出版社原社长和龑先生和我们一起全力推动丛书的出版，贡献了智慧和力量。清华大学马克思主义学院作为项目的主持方，为项目的平台建设和未来学术发展提供了强有力的支持。每本书的作者都殚精竭虑、勤奋写作，奉献了自己的学术和研究成果，成就了如此大规模丛书的出版。我国理论界和翻译界的著名专家陈先达教授、赵家祥教授、宋书声译审等对丛书的出版给予鼎力支持，为丛书的出版立项积极推荐，给我们以巨大鼓舞。我们出版行业的老领导柳斌杰对丛书的出版给予大力支持，提出许多宝贵建议，提升了其出版价值。辽宁出版集团专家委员会的许多成员对该丛书的出版给予了智力和业务上的支持帮助。作为丛书的出版方，我们向他们表示深深的谢意！

一项浩大出版工程的背后，必定有一批人的智慧付出和竭诚奉献。今天，当出版成果摆在读者面前之时，我们由衷地向每一位对本丛书问世作出贡献的人致以崇高的敬意和诚挚的谢意。由于我们水平有限，在编辑出版过程中难免出现疏漏，还望广大读者批评指正。

编　者

2019年7月